Gerlinde Blahak

22 kreative Kunststunden

Schnelle Projekte zu allen wichtigen Kunsttechniken

5.–10. Klasse

PERSEN

Die Autorin

Gerlinde Blahak ist Studienrätin mit den Fächern Englisch, Geschichte, Sozialkunde und Kunsterziehung. Sie arbeitete an einer Realschule und einer Fachakademie für Sozialpädagogik und hat bereits mehrere Werke im Bereich Kunstpädagogik veröffentlicht.

Gedruckt auf umweltbewusst gefertigtem, chlorfrei gebleichtem und alterungsbeständigem Papier.

1. Auflage 2017

Grafik: alle Abbildungen © Gerlinde Blahak
Satz: Satzpunkt Ursula Ewert GmbH

ISBN: 987-3-403-20261-5

www.persen.de

Inhaltsverzeichnis

Kopfzeilenpiktos:

Lehrerhinweis — Arbeitsblatt — Vorlagen

Vorwort

45-Minuten-Kunst – geht das wirklich? Es kann mit Sicherheit gelingen – mit einfachsten Mitteln, motivierenden Themen und unter Berücksichtigung folgender Aspekte:

- Die Vorbereitungszeit ist minimal, denn der Lehrer kann sich sehr rasch anhand von Kurzbeschreibungen, gezielten Hinweisen und Lösungsvorschlägen über Ablauf und Ergebnis der Stunde informieren.
- Als Einstieg teilt der Lehrer mit einer kurzen Erläuterung die jeweiligen Kopiervorlagen aus, auf denen die Schüler sofort Impulse zur Weiterarbeit finden.
- Das häufig empfohlene DIN-A4-Blattformat stellt sicher, dass die Schüler ihre Arbeiten auch in der angegebenen Zeit abschließen können.
- Die Schritt-für-Schritt-Anleitungen sind so konzipiert, dass die Schüler mithilfe eines Arbeitsblattes selbstständig arbeiten können.
- In vielen Fällen wird neben weißem auch mit farbigem Papier gearbeitet. Dabei kann außer Tonpapier preisgünstiges, farbiges Kopierpapier zum Einsatz kommen.
- Die benötigten Werkzeuge sind hauptsächlich Stifte aller Art sowie Lineal, Schere und Klebestift, also Dinge, die in der Schultasche jedes Schülers zu finden sind.
- Bereits vorhandene Kompetenzen (Sach-, Methoden- und Lernkompetenzen) der Schüler werden lehrplankonform verstärkt und erweitert.
- Methodenwechsel und das Arbeiten in kombinierten Techniken erhöhen die Motivation bei der Arbeit.
- Da die Themenauswahl breit gefächert und schülergerecht angelegt ist, eignen sich fast alle Vorschläge für den Einsatz in den Jahrgangsstufen 5-10.
- Einige Aufgaben lassen sich in Gemeinschafts- und Gruppenarbeit lösen und fördern auf diese Weise Kooperation und soziale Kompetenzen.
- Abschließend werden Vorschläge für die Präsentation und weitere Einsatzmöglichkeiten der Lösungen gemacht, um den kreativen Ergebnissen Beachtung und Wertschätzung in größerem Rahmen sichern.

Das Buch will demonstrieren, wie ein knappes Zeitlimit, dem sich jeder Kunstunterricht ausgesetzt sieht, effektiv genutzt werden kann. Motivierte Schüler und ideenreiche künstlerische Resultate werden es Ihnen danken.

Gerlinde Blahak

Allerlei Käfer

Kurzbeschreibung

Die Schüler erfinden individuelle Käfertypen und zeichnen sie mit schwarzem Filzstift auf weißen Hintergrund. Durch Weiterarbeit in der Gruppe füllt sich die Blattfläche mit weiteren Ideen und es entstehen originelle Vorlagen z. B. für Bucheinbände oder Karten.

Jahrgangsstufe

5–10

Zeitaufwand

1 Unterrichtsstunde

Lehrplanbezug

1. Sachkompetenz: Umgang mit Fineliner und Bleistift
2. Methodenkompetenz: Bildkomposition, lineares Zeichnen, von der Einzelleistung zur Gemeinschaftsarbeit
3. Lernkompetenz: Kreativität, Ideenfindung, Ausdauer
4. Soziale Kompetenz: Kooperation, gemeinsames Vorhaben durchführen

Hinweise

- Achten Sie darauf, dass jeder Schüler sein Blatt auf der Rückseite mit seinem Namen versieht, bevor die Gemeinschaftsarbeit beginnt.
- Zeigen Sie den Lösungsvorschlag auf Folie zum Einstieg und erläuteren Sie das Vorgehen.
- Regen Sie an, dass jeder Schüler beliebig viele Käfer hinzuzeichnet.
- Die Schüler entwerfen die Motive mit und ohne Bleistiftvorzeichnung gleich auf das Blatt.
- Bei großen Schülergruppen empfiehlt es sich, Zeichenblätter in der Größe DIN A3 zu verwenden. Sie können gleich als Hefteinbände eingesetzt werden.

Wichtig: Das Blatt sollte zum Schluss ganz mit Käfermotiven bedeckt sein, die sich nicht oder nur wenig überschneiden.

Material

- weißes Zeichenpapier (DIN A4/DIN A3)
- Bleistift
- Radiergummi
- Fineliner (schwarz)
- Lösungsvorschlag auf Folie
- Tageslichtprojektor

Allerlei Käfer

Anleitung

1. Gruppenarbeit:

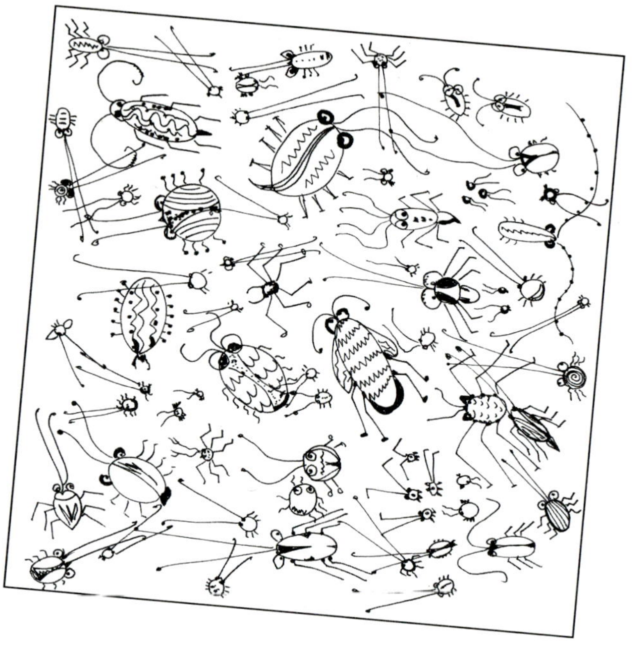

- Bildet Gruppen (8–10 Schüler) und vereinbart, in welcher Reihenfolge die Blätter zur weiteren Bearbeitung weitergereicht werden sollen.
- Das Projekt beginnt mit einer kurzen Einzelarbeit.
- Jeder Schüler schreibt seinen Namen auf die Rückseite seines Blattes, damit er es zum Schluss wiederfindet.
- Zeichnet dann so viele unterschiedliche Käfer auf die Blattfläche, wie ihr wollt, und reicht dann das Blatt an ein Gruppenmitglied weiter, das seinerseits beliebig viele Käfer hinzuzeichnet. Im Austausch erhält jeder von euch immer ein Blatt von einem anderen Teammitglied. Wenn die Blattfläche mit Käfermotiven bedeckt ist, geht es an denjenigen zurück, dessen Name auf der Rückseite steht.

2. Zeichentipps:

- Zeichne die Käfer zunächst mit Bleistift vor und ziehe die Linien anschließend mit Fineliner nach.
- Beginne mit der Körperform (Oval, Kreis).
- Setze dann Augen (kleine Kreise oder Punkte) an die Außenlinie oder in die Körperfläche hinein.
- Vervollständige das Motiv durch Hinzuzeichnen von beliebig vielen Beinen (abgeknickt, gerade).
- Füge am Kopf Fühler hinzu, die überlang, geschwungen oder sehr kurz ausfallen können.
- Lockere zum Schluss die Körperform mit originellen Mustern auf (Punkte, Streifen, Mäander, Kreise ...)
- Einige Linien und kleine Flächen werden hervorgehoben, indem du sie verstärkst oder schwarz ausfüllst.
- Die Käfer verteilen sich über die ganze Blattfläche und kriechen in verschiedene Richtungen.
- Es empfiehlt sich, das Blatt während der Bearbeitung zu drehen!

3. Präsentationsvorschläge:

- Die Ergebnisse lassen sich gut mit dem Kopiergerät vergrößern und als Geschenk- oder Einbindepapier verwenden.
- Kleine Ausschnitte in Postkartengröße schmücken, auf Fotokarton geklebt, Grußkarten.
- Aus den Lösungen können originelle Briefumschläge gefaltet werden.

Allerlei Käfer

Bestseller

Kurzbeschreibung

Die Schüler fertigen aus verschiedenfarbigen Fotokarton- und Tonpapierstreifen Buchrücken, die sie mit originellen Titeln und ihren eigenen Namen als Autoren versehen.

Sie ordnen sie in Gemeinschaftsarbeit im Collageverfahren auf einem Hintergrund mit einem Bücherregal aus Fotokarton an.

Jahrgangsstufe

5–10

Zeitaufwand

2 Unterrichtsstunden

Lehrplanbezug

1. Sachkompetenz: Passgenaues Zuschneiden und Übereinanderkleben von farbigem Papier, Schrift und Schreiben mit verschiedenen Stiften
2. Methodenkompetenz: Gezielte Anordnung von Flächen auf einem Hintergrund (Collage), Genauigkeit, Schrift als Informationsquelle und Dekoration, Ideenfindung

Hinweise

- Steigen Sie in die Unterrichtseinheit ein, indem sie eine Auswahl von Buchrücken nebeneinander präsentieren. Zeigen Sie dann den Lösungsvorschlag (Folie), um die Methode zu demonstrieren.
- Regen Sie an, dass die Schüler ungewöhnliche und signifikante Titel kreieren. Außerdem können sie auch ihre eigenen Autorennamen „künstlerisch“ verändern.
- Die Aufgabe ist als Gemeinschaftsarbeit (Zehnergruppen) angelegt, bei der sich alle Schüler zum Schluss mit ihrem Beitrag angemessen präsentiert sehen.

Tipp: Die Aufgabe eignet sich auch als Vor- oder Nachbereitung eines Bibliotheksbesuchs.

Material

Für den Hintergrund:
- farbiger Fotokarton (ca. 30 cm × 20 cm)
- schwarzes Tonpapier (ca. 35 cm × 25 cm)

Für die Buchrücken:
- Tonpapier und Fotokarton (Reste)
- Lineal
- Filzstifte/Buntstifte (verschiedene Farben und Stärken)
- Bleistift
- Radiergummi
- Schere
- Klebestift
- (eventuell Papierschneidegerät)
- Lösungsvorschlag (Folie)

Bestseller

Anleitung

Vorbemerkung

- Bildet Zehnergruppen, die jeweils einen Teil eines Bücherregals miteinander gestalten.
- Anschließend werden alle Ergebnisse neben- oder untereinander so präsentiert, dass sich eine Regalwand mit verschiedenen Buchrücken ergibt.

1. Bücherregal (Hintergrund):

- Wählt ein Stück Fotokarton in einer beliebigen Farbe (Größe ca. 30 cm × 20 cm) als Hintergrund (Wand) aus.
- Aus (schwarzem) Tonpapier schneidet ihr zwei Streifen zurecht: a) Regalbrett: 1 cm × 35 cm, b) Seitliche Stütze: 3, 5 cm × 25 cm.
- Klebt die Streifen unten sowie seitlich auf den Hintergrund. Sie sollten ein wenig über die Hintergrundfläche hinausragen.

2. Buchrücken (Einzelarbeit):

- Wähle einen Tonpapier- oder Fotokartonrest in einer beliebigen Farbe als Buchrücken aus.
- Schneide einen Streifen in 2–4 cm Breite ab. In der Höhe sollte er auf den Hintergrund passen oder leicht darüber hinausreichen.
- Beklebe ihn mit einem zweiten, schmaleren Streifen in einer anderen Farbe.
- Denke dir einen ungewöhnlichen Buchtitel aus und schreibe ihn in großen Buchstaben auf die Buchrückenfläche. Du kannst Druckschrift, Blockbuchstaben oder Schreibschrift verwenden. Füge deinen Namen als Autorennamen hinzu. Du darfst auch Ornamente anbringen.
- Verwende neben Schwarz auch Stifte in anderen Farben: goldfarbene Stifte, Marker usw.

Tipp: Ziehe mit Bleistift und Lineal Hilfslinien, damit die Buchstaben gleich groß werden oder in ein bestimmtes Rechteck passen. Schreibe zuerst mit Bleistift vor.

3. Fertigstellen (Gemeinschaftsarbeit):

- Ordnet eure jeweiligen Buchrücken in bunter Reihenfolge nebeneinander auf dem Regalbrett des Hintergrundes an.
- Sie können senkrecht nebeneinanderstehen oder sich schräg aneinanderlehnen. Versucht, dabei öfters die Richtung zu wechseln.
- Markiert ihre Lage zunächst mit Bleistift und klebt sie anschließend auf.

Bestseller

SARAH TENNO
Niemals aufgeben!!
NO
Benimm dich, Kind!
Life of a girl
SUNNI T.
FANNY WASSER
Wonderland
I'M A WINNER
>SUSI WAGNER<

Biker

Kurzbeschreibung

Die Schüler erhalten Kopien einer Zeichnung, die einen Biker auf seinem Motorrad zeigt. Sie vervollständigen und ergänzen das Bild mit schwarzem Filzstift und gestalten es mit detaillierten grafischen Strukturen aus. Für die Rückseite der Jacke erfinden sie einen originellen Schriftzug oder ein Emblem.

Jahrgangsstufe

5–10

Zeitaufwand

1 Unterrichtsstunde

Lehrplanbezug

1. Sachkompetenz: Einsatz von Filzstiften in verschiedenen Stärken
2. Methodenkompetenz: Weiterzeichnen, grafisches Ausgestalten, Schrift im Bild

Hinweise

- Weisen Sie darauf hin, dass die auf der Kopiervorlage vorgegebenen Umrisse nicht nur vervollständigt, sondern auch großzügig erweitert werden können.
- Regen Sie an, dass die Schüler zunächst ihre Ideen mit Bleistift vorskizzieren.
- Für die endgültige Ausführung sollten schwarze Stifte in verschiedenen Stärken zum Einsatz kommen.
- Der Schriftzug auf der Jacke sollte mit Großbuchstaben im Comicstil gestaltet werden.
- Je nach Zeitlimit lässt sich die Aufgabe auch mit farbigen Filzstiften lösen.
- Präsentationstipp: Die Lösungen werden ausgeschnitten und so überlappend präsentiert, dass die Biker im Pulk zu fahren scheinen.

Tipp für jüngere Schüler:

Bieten Sie an, den Schriftzug mithilfe einer Rätselaufgabe zu finden:

a) Die Schüler schreiben die Namen der Kleidungsstücke und des Motorradteils entsprechend den angegebenen Zahlen auf der Vorlage auf die unten stehenden Zeilen.

b) Die markierten Buchstaben ergeben, numerisch aneinander gereiht, den Namen des Bikers.

1. _ _ _ _ _ (6) (1) 2. _ _ _ _ (4) 3. _ _ _ _ (2) 4. _ _ _ _ _ _ (5) 5. _ _ _ _ _ _ _ (7) (3)

_ _ O _ _ _ _ _ M
(1) (2) (3) (4) (5) (6) (7)

Lösung: 1. Jacke 2. Helm 3. Hose 4. Reifen 5. Stiefel Name: COOLER JIM

Material

- Kopiervorlagen „Biker“ (DIN A4)
- Bleistift
- Radiergummi
- schwarze Filzstifte (verschiedene Stärken)

Biker

Anleitung

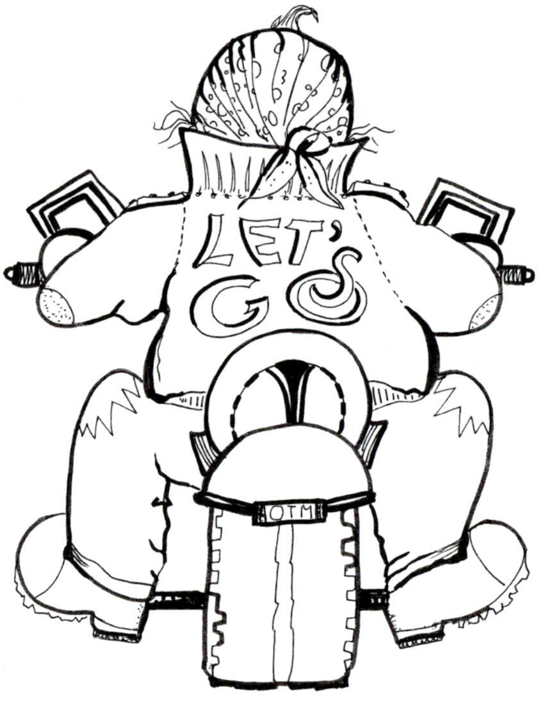

1. Weiterzeichnen:

Zeichne zunächst mit Bleistift auf der Kopiervorlage weiter:

1. Schließe Lücken in den Konturen.
2. Verändere die Umrisse, indem du mit einer zweiten Linie über die Konturen hinauszeichnest. (Entstehende Binnenflächen werden später mit Mustern ausgefüllt!).
3. Zeichne Details wie Helm, Haare und Schuhsohlen hinzu.
4. Unterteile die Flächen durch Nähte und Muster.
5. Erfinde einen Schriftzug, Buchstaben oder ein originelles Logo für die Rückseite der Jacke.
6. Ziehe zum Schluss alle Bleistiftlinien mit schwarzen Filzstiften nach.

Tipp: Verwende für markante Zonen, z. B. Reifenprofil, einen dickeren, für Haare usw. ein feinzeichnenden Stift.

2. Weitere Gestaltungsideen:

- Setze mit Bunt- und farbigen Filzstiften Akzente.
- Zeichne ein beliebiges Umfeld hinzu (Straße, Landschaft).
- Lege eine Horizontlinie fest (ca. 8 cm vom unteren Blattrand entfernt) und schneide den oberen Teil des Bikers aus.
- Ordnet dann die gemeinsam erarbeiteten Lösungen als Gemeinschaftsarbeit überlappend nebeneinander an.

Biker

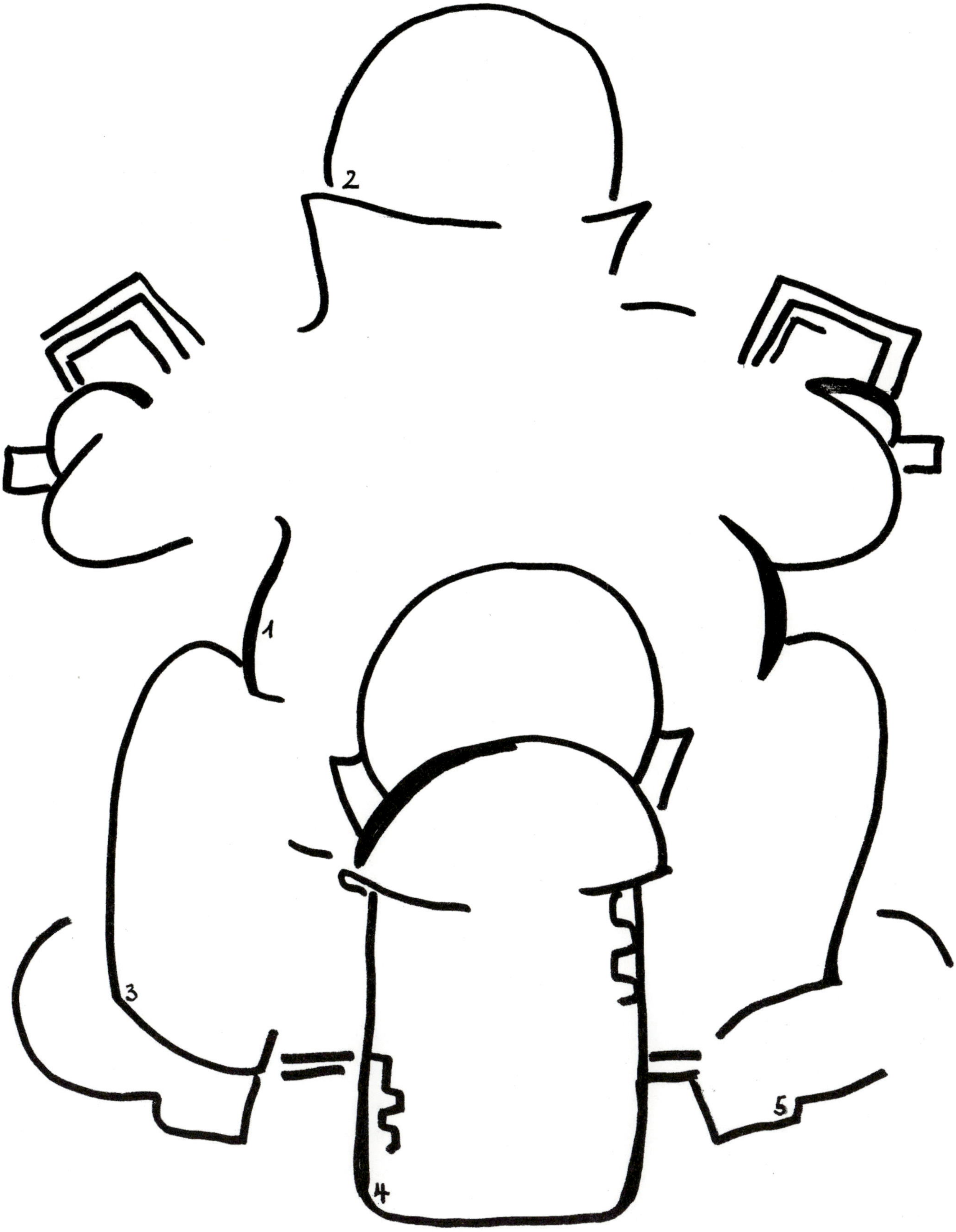

Blumentöpfe

Kurzbeschreibung

Die Schüler gestalten die Umrisse eines einfachen Blumentopfes zu einem Gefäß um, das an die untere Körperhälfte einer menschlichen Figur erinnert. Die obere Hälfte wird durch kreative Pflanzenarrangements ersetzt. Die Schüler arbeiten mit Bleistift sowie schwarzen Filzstiften.

Jahrgangsstufe

5–10

Zeitaufwand

1 Unterrichtsstunde

Lehrplanbezug

1. Sachkompetenz: Einsatz von Bleistift und Filzstiften im Bereich Grafik
2. Methodenkompetenz: Verfremdung von Objekten, Zeichnen und Strukturieren von Flächen mit Stiften

Hinweise

- Zeigen Sie als Hinführung auf das Thema „Verfremdung" sowohl Blumentöpfe auf der Fensterbank als auch den Lösungsvorschlag auf Folie.
- Achten Sie darauf, dass die Schüler von einer sehr einfachen, hohen Blumentopf-Grundform ausgehen, die sie am besten mit Bleistift und Lineal anlegen.
- Schlagen Sie vor, die „Beine" des Gefäßes auf eine (beliebig gestaltete) Bodenplatte zu stellen.
- Die Schüler können einfache oder auch exotische Topfpflanzen aus dem Gefäß wachsen lassen.
- Weisen Sie darauf hin, dass der Entwurf mit Bleistift ausgeführt werden soll, Muster und Strukturen jedoch ohne Vorzeichnung gleich mit dem Filzstift gezeichnet werden.
- Die Lösungen eignen sich als Dekoration für Glückwunschkarten aller Art.

Material

- weißes Zeichenpapier (DIN A5)
- Lineal
- Bleistift
- schwarze Filzstifte (verschiedene Stärken)
- Lösungsvorschlag auf Folie

Blumentöpfe

Anleitung

1. Blumentopf:

Grundform:

- Zeichne mit Bleistift auf Zeichenpapier (DIN A5) in der unteren Hälfte des Blattes die Grundform eines Pflanzgefäßes: Höhe 7–8 cm, nach unten schmaler werdend.
- Betone den oberen Rand (Wulst, Griffrille o. Ä.).
- Zeichne die Kanten mit einem Lineal.

Verwandlung:

- Unterteile die Fläche in der Mitte so, dass zwei Beine mit einem Zwischenraum entstehen (breitbeinige Haltung!).
- Zeichne Schuhe (Stiefel, Turnschuhe, Ballerinas usw.) an die Beine.
- Gestalte die restliche Fläche (Hose) mit Details aus: Hosentaschen, Knieflecken, Gürtelschnallen, Stoffmuster usw.)
- Entwirf mit dem Lineal eine Standfläche für den Topf.

2. Pflanzen:

- Zeichne Pflanzen, die aus dem Topf wachsen, z. B.:
  - Kakteen (Stacheln, Blüten)
  - Gräser und Rispen
  - Riesenblüten und große Blätter
  - Yuccapalmen
  - Bonsais

Tipp: Lege ein „Pflanzenmix“ an.

3. Fertigstellen:

- Ziehe alle Bleistiftlinien mit fein zeichnendem schwarzem Filzstift nach.
- Ergänze Muster und Strukturen.
- Betone einige Linien mit stärkerem schwarzem Filzstift, um Schattenzonen zu erzeugen.
- Entferne zum Schluss alle Bleistiftspuren.

Tipp: Klebe deine Lösung als Dekomotiv auf Fotokarton. Du kannst sie so als Karte verschenken.

Blumentöpfe

Buchstabengirlande

Kurzbeschreibung

Die Schüler fertigen aus Tonpapier rechteckige Wimpel, die sie jeweils mit einem großen Buchstaben bekleben. Anschließend gestalten sie die Buchstabenflächen mit schwarzem Filzstift zu skurrilen Gesichtern, Tieren oder Figuren aus. Die Wimpel werden zuletzt in Gemeinschaftsarbeit auf einer Schnur als Girlande präsentiert.

Jahrgangsstufe

5–10

Zeitaufwand

1 Unterrichtsstunde

Lehrplanbezug

1. Sachkompetenz: Umgang mit Schablonen, Einsatz von Schere, Klebstift und Filzstiften, Papierflächen im Raum (3D)
2. Methodenkompetenz: Falten, Schablonen aus geometrischen Flächen, weiterzeichnen und ausgestalten, Schrift im Bild, Collage
3. Soziale Kompetenz: Individuell gestaltete Anfangsbuchstaben als Teile eines gemeinschaftlichen Vorhabens

Hinweise

- Achten Sie darauf, dass jeder Schüler mit derselben Grundfläche für seinen Wimpel arbeitet (DIN A5).
- Regen Sie an, dass die Schüler den gewählten Buchstaben (Blockschrift) auf einer Fläche entwirft, die der Hälfte eines DIN-A5-Blattes entspricht (siehe Arbeitsanleitung auf der Kopiervorlage).
- Empfehlen Sie den Schülern, mit den Buchstaben als Grundgerüst für ein Motiv zu experimentieren (z. B. sie zu drehen).
- Stellen Sie neben Tonpapier in verschiedenen Farben auch weißes Kopierpapier zur Auswahl bereit.

Material

- Tonpapier (DIN A5) in verschiedenen (hellen) Farbstellungen
- weißes Kopierpapier
- Bleistift
- Radiergummi
- Schere
- schwarzer Filzstift
- Bürohefter
- Schnur (zum Aufhängen aller Lösungen)

Buchstabengirlande

Anleitung

1. Falten der Ausgangsflächen:

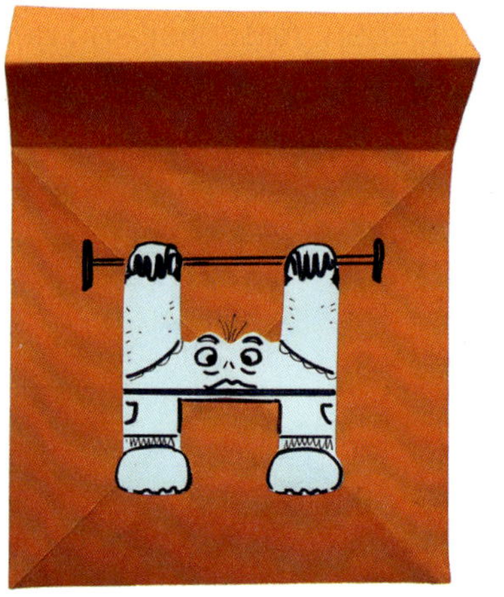

Wähle Tonpapier (DIN A5) in zwei unterschiedlichen, helleren Farben aus.

Hintergrundfläche des Wimpels

- Falte eine Ecke der Fläche so zur gegenüberliegenden Seite, dass ein (gleichschenkliges) Dreieck entsteht.
- Öffne die Faltung und wiederhole den Vorgang mit der gegenüberliegenden Ecke: Die Faltlinien entsprechen den Diagonalen eines Quadrats.
- Knicke den überstehenden Streifen um und falte ihn dann nochmals waagrecht in der Mitte zu einer Lasche für die Aufhängung.

Ausgangsfläche für den Großbuchstaben

- Falte die zweite Tonpapierfläche (DIN A5) in der Mitte so zusammen, dass zwei Fläche von ca. 10 cm × 14 cm entstehen. Zur Weiterarbeit wird nur eine dieser Flächen benötigt!
- Fertige anschließend daraus, wie oben beschrieben, ein Quadrat.

Wichtig: Dieses Mal wird der überstehende Streifen abgeschnitten!

2. Gestaltung der Buchstaben:

- Zeichne nun mit Bleistift einen Buchstaben auf das kleinere Quadrat. Wähle dafür den Anfangsbuchstaben deines Vornamens. Der Buchstabe soll die Fläche möglichst gut ausnutzen. Wähle Großbuchstaben in Blockschrift und bringe eventuell schon kleine Ausbuchtungen (z. B. für Augen, Füße) an.
- Schneide den Buchstaben aus und experimentiere mit seiner Lage (spiegelverkehrt, auf dem Kopf stehend, seitlich gekippt usw.) auf der Hintergrundfläche.
- Klebe ihn dann mittig auf das große Quadrat und gestalte den Buchstaben zunächst mit Bleistift weiter aus.

Tipps:
- Durch Hinzuzeichnen von Augen, Mündern, Beinen, Armen, Ohren usw. entstehen mit wenigen Strichen skurrile Charaktere. Neben Tieren können auch Gesichter und ganze Figuren entstehen.
- Ziehe alle Linien mit schwarzem Filzstift nach.

3. Gemeinschaftsarbeit:

- Legt die Lösungen in beliebiger Reihenfolge nebeneinander.
- Klappt die Laschen der Wimpel nach hinten und legt eine Schnur darunter.
- Fixiert die Laschen anschließend mit einem Bürohefter.

Tipp: Ein kleines Monogramm in einer Ecke deutet an, wer diesen Buchstaben kreiert hat.

Buchstabengirlande

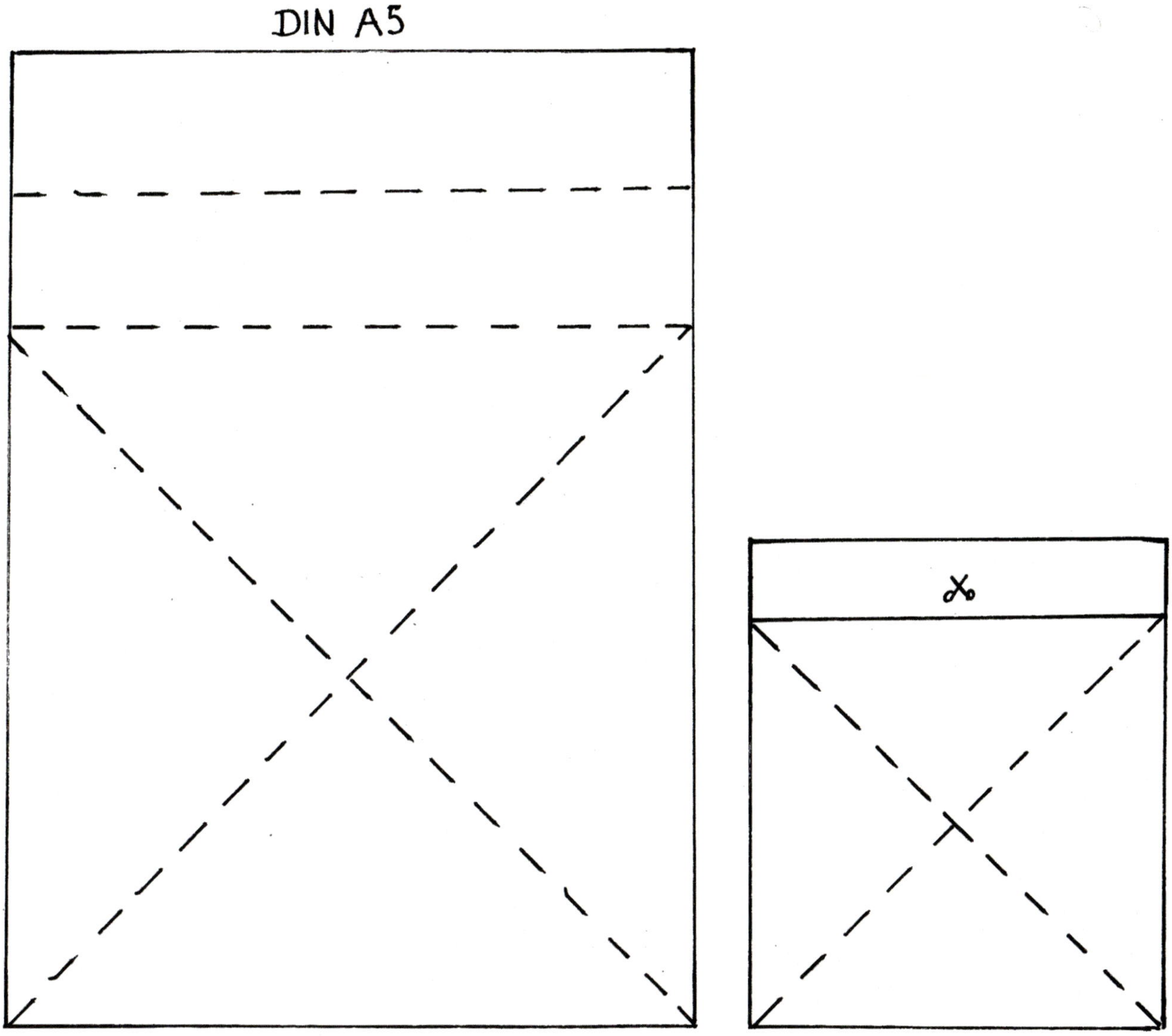

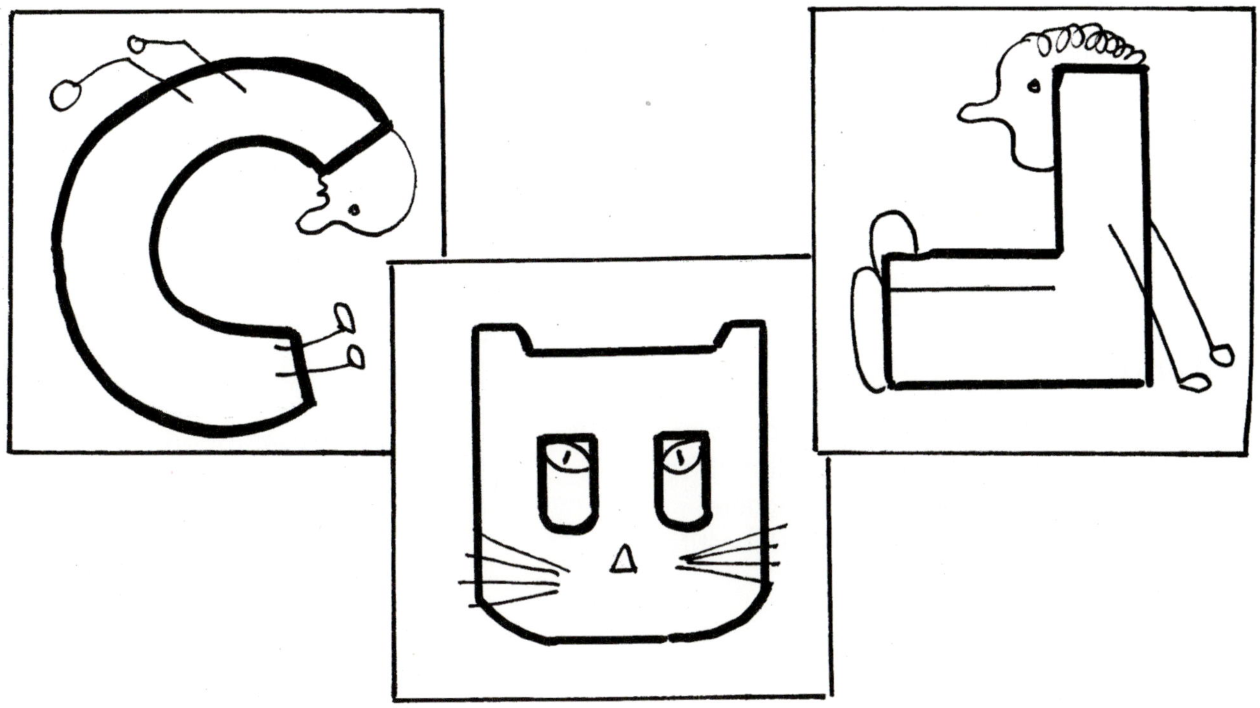

Dekoeule

Kurzbeschreibung

Die Schüler fertigen aus übereinander gelegten Papierschablonen die Figur einer Eule, deren Gefieder sie mit Filz- und Buntstiften ausgestalten.

Jahrgangsstufe

5–10

Zeitaufwand

2 Unterrichtsstunden

Lehrplanbezug

1. Sachkompetenz: Herstellung und Einsatz von Schablonen, Filz- und Buntstifte als Werkzeuge zur Gestaltung von Flächen
2. Methodenkompetenz: Übereinanderlegen von verschiedenen Bildebenen, Figur-Grund-Bezug, Erfinden von Mustern, dreidimensionale Effekte mit Papier

Hinweise

- Demonstrieren Sie, wie die Figur von hinten nach vorne durch das Übereinandermontieren von verschiedenen Schablonen aufgebaut wird.
- Achten Sie darauf, dass die Schüler eine dunklere und eine helle Papierfarbe wählen, auf denen sich Gefieder sowohl mit Bunt- als auch Filzstiften gut aufzeichnen lässt (z. B. Schwarz-Weiß, Rot-Gelb). Die Schüler können auch ungewöhnliche Farbzusammenstellungen wählen.

Zur Präsentation stehen folgende Möglichkeiten zur Verfügung:

a) Montieren auf einen Hintergrund mit Baummotiv (siehe Lösungsvorschlag)

b) Aufhängen als frei bewegliches Papierobjekt an einer Schnur oder Büroklammer

Material

- Kopiervorlage (Schablonen)
- Tonpapier in zwei verschiedenen Farben (z. B. Schwarz-Weiß) DIN A4
- Bleistift
- schwarze Filzstifte
- Buntstifte
- Schere
- Klebestift

Zur Präsentation:

- schwarzes Tonpapier (DIN A4)
- weißes Papier (DIN A4)
- Schnur (ca. 30 cm), Locher

Dekoeule

Anleitung

1. Anfertigen von Schablonen:

- Wähle Tonpapier in zwei kontrastierenden Farben (z. B. Schwarz-Weiß, Dunkelblau – Hellgrün) in der Größe DIN A4 aus.
- Schneide die auf der Kopiervorlage vorgegebenen Schablonenteile aus.
- Nimm ein Blatt Tonpapier in einer der gewählten Farben und falte es in der Mitte zusammen.
- Lege Schablone (1) so darauf, dass die gestrichelte Linie mit der Faltkante abschließt und zeichne die Umrisse mit Bleistift nach.
- Schneide das Teil (doppelt) aus und klappe es auseinander.
- Zeichne nun seitlich Federn für die Flügel ein: Verwende Buntstifte (z. B. Gelb, Weiß) für einen dunklen Hintergrund, schwarze Filzstifte für einen hellen.
- Wiederhole den Vorgang für Schablone 2 und 3 mit der zweiten gewählten Farbe.

Tipp: Erfinde Zeichenstrukturen für verschiedene Federarten: kleine Häkchen, Punkte, Zickzacklinien usw.

- Schneide Schnabel (helles Papier) und Augen (4 / 5) (schwarzes Papier) aus.

Tipp: Für die Umrisse der Augenschablone kannst du auch die Kappe des Klebestifts einsetzen.

2. Montage:

- Lege Schablone 2 (Körper und Kopf) passgenau auf Schablone 1 (Körper/Flügel). Richte dich nach den Markierungen auf der Kopiervorlage und klebe sie fest.
- Fixiere die Federpartie für die Augen (3) auf der Kopfschablone und klebe Schnabel und Augen etwas nach unten versetzt auf.
- Schneide aus schwarzem Tonpapier für den Ast einen Streifen zurecht (ca. 30 cm x 1,5 cm) und gestalte ihn mit Rindenstrukturen aus (weißer Buntstift).
- Fertige aus Papierresten einige schmal zulaufende Rispen und Blätter und ziehe sie über den Scherenrücken, um ihnen „Schwung“ zu verleihen.
- Ordne sie zusammen mit dem schwarzen Tonpapierstreifen (Ast) im unteren Drittel der Eule an und klebe auch sie fest. Beachte, dass sich die Enden des Streifens auf der Rückseite der Figur treffen und so der Eule Stabilität verleihen.
- Ergänze zum Schluss, wenn nötig, noch Feder- und Rindenstrukturen.

3. Präsentation:

- Stanze mit einem Locher oben am Kopf der Eule ein Loch, ziehe eine Schnur durch und verknote sie.
- Jetzt kannst du die Dekoeule frei schwebend aufhängen.
- Reiße aus schwarzem Tonpapier einen Baumstamm (Breite 11–12 cm) und klebe ihn auf weißes Papier (DIN A4).
- Befestige die Eule nur punktuell mit Kleber, sodass die Kanten noch etwas vom Untergrund abstehen.

Dekoeule

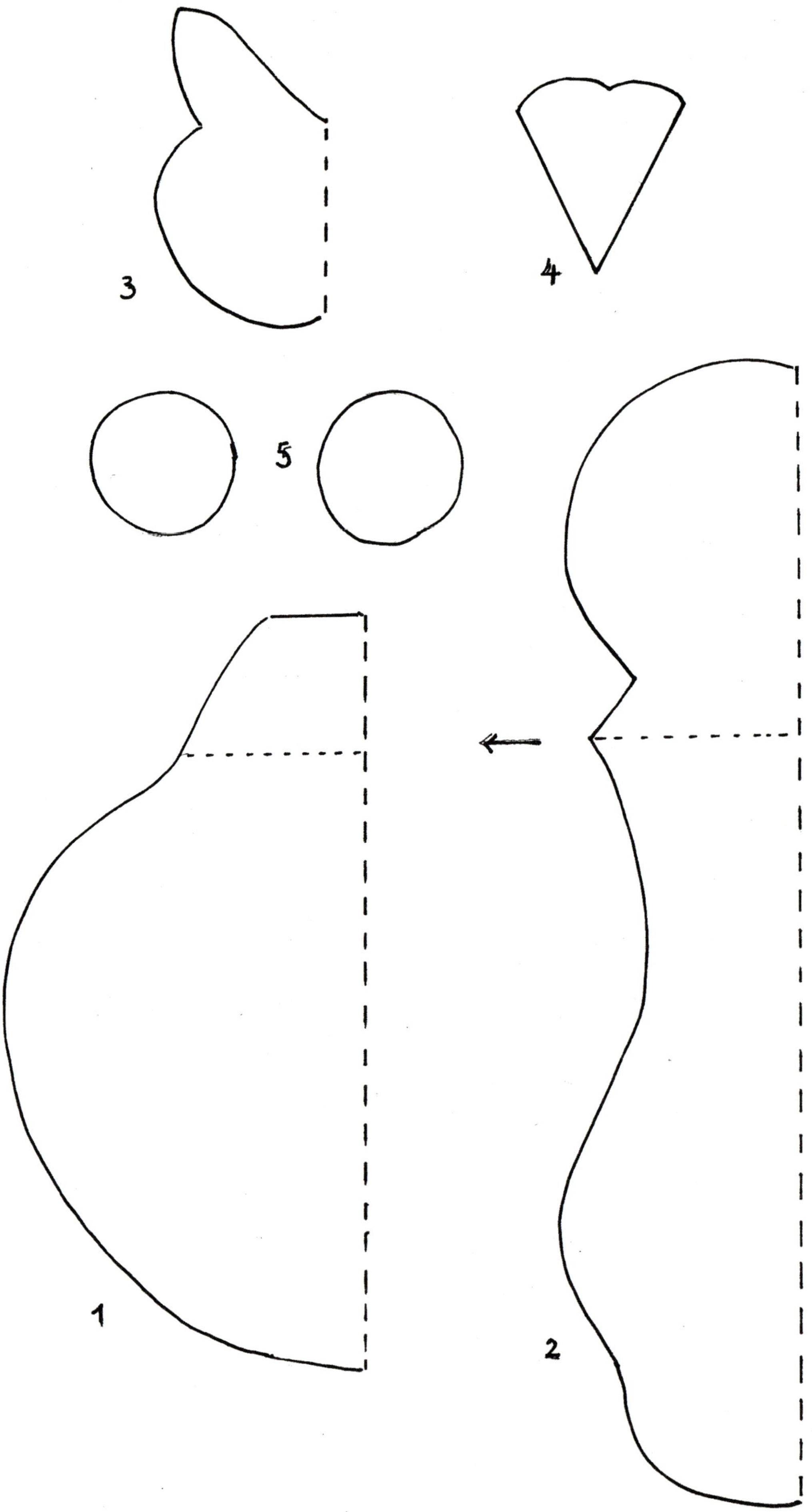

Dekoeule

Erst links, dann rechts

Kurzbeschreibung

Die Schüler zeichnen mit fein zeichnendem schwarzem Filzstift mit der linken Hand ein Gesicht in Vorderansicht: Es entsteht ein stark verzerrter Porträtkopf. Sie gestalten diese Vorlage anschließend nach eigenen Ideen mit der rechten Hand weiter grafisch aus.

Jahrgangsstufe

5–10

Zeitaufwand

1 Unterrichtsstunde

Lehrplanbezug

1. Sachkompetenz: Einsatz von schwarzem Filzstift für Zufallsverfahren
2. Methodenkompetenz: Verzerrung und Karikatur, Zeichenimpulse (befreiendes Verfahren), Elemente grafischen Gestaltens (Punkt, Linie, Fläche)
3. Lernkompetenz: Ideenfindung, Fantasie, Vorstellungsvermögen, Experimentieren
4. Motorische Kompetenz: Zeichnen mit der linken Hand, Feinmotorik

Hinweise

- Steigen Sie in die Stunde ein, indem Sie (oder ein Schüler) ein Porträt mit der linken Hand an der Tafel zeichnen oder indem Sie die Kopiervorlage als Folie zeigen.
- Weisen Sie darauf hin, dass Linkshänder mit der rechten (ungewohnten) Hand zeichnen müssen.
- Regen Sie an, dass Schüler Teile des Gesichts aus einer Linie, ohne abzusetzen, zeichnen. Dabei überschneiden sich Linien und bilden Binnenformen.
- Achten Sie darauf, dass die Schüler die Blattfläche (DIN A4) gut ausnutzen.
- Erläutern Sie in diesem Zusammenhang die Begriffe Verzerren, Verfremden, Karikatur.

Material

- Kopiervorlage (Zeichnung mit der linken Hand) als Folie
- Tageslichtprojektor
- weißes Zeichenpapier (DIN A4)
- schwarzer Filzstift (fein zeichnend)
- schwarzer Filzstift (mit breiterer Spitze)

Erst links, dann rechts

Anleitung

1. Zeichnen mit der linken Hand:

Lege ein weißes Zeichenpapier (DIN A4) senkrecht vor dich und versuche, mit der linken Hand (bei Linkshändern mit der rechten Hand) die Umrisse eines Gesichts zu zeichnen. Dafür verwendest du einen fein zeichnenden schwarzen Filzstift.

1. Beginne mit einem Gesichtsoval.
2. Zeichne die Augen in die obere Gesichtshälfte, Sie müssen nicht symmetrisch angelegt werden.
3. Der Mund sollte sehr groß und geöffnet, eventuell mit Zähnen gezeichnet werden.
4. Nasenrücken und Nasenflügel werden am besten aus einer Linie gezeichnet.
5. Ohren entstehen aus Kreissegmenten.
6. Großzügige Kritzelspuren deuten Haare an.
7. Um die Halspartie wird ein Kragen skizziert.
8. Alle Linien darfst du nochmals großzügig überzeichnen.

Wichtig: Asymmetrie und Verzerrungen sind erwünscht! Es darf nur mit der „falschen" Hand gearbeitet werden!

2. Grafische Ausgestaltung:

Der Stift befindet sich jetzt, wie gewohnt, in deiner rechten (bzw. linken) Hand.

Nimm dir nacheinander einzelne Gesichtspartien vor und verändere sie durch Hinzuzeichnen, Betonen und Ausgestalten mit Mustern und Strukturen.

Beispiele:

- Die Augen erhalten Lider und Brauen.
- Die Haarpartie wird durch Kringel und Spirallinien verdichtet.
- Der Kragen wird durch Muster strukturiert.
- Setze zum Schluss mit dickerem schwarzem Filzstift Akzente: Betone markante Linien, z. B. an der Nase, oder fülle kleinere Flächen, z. B. Pupillen, Mundhöhle, schwarz aus.

Erst links, dann rechts

Geklappte Tiere

Kurzbeschreibung

Die Schüler gestalten Tierköpfe auf Papier im Postkartenformat. Dabei wenden sie das Verfahren des Klappschnitts an und setzen zeichnerische Akzente mit schwarzem Filzstift.

Jahrgangsstufe

5–10

Zeitaufwand

1 Unterrichtsstunde

Lehrplanbezug

1. Sachkompetenz: Umgang mit Schere und Papierschablonen, Filzstift als kreatives Zeichenwerkzeug
2. Methodenkompetenz: Klappschnitt, Figur-Grund-Bezug, Zeichnen
3. Lernkompetenz: Genauigkeit, Experimentieren, Ideenfindung

Hinweise

- Achten Sie darauf, dass die Schüler als Ausgangsfläche weißes Papier (DIN A5) verwenden, das halbiert wird. Somit lassen sich aus einer Papierfläche (DIN A5) zwei Lösungen erarbeiten, die auf neutrale Karten geklebt werden können.
- Die Arbeit kann mit Tonpapier oder kostengünstiger mit weißem und farbigem Kopierpapier ausgeführt werden.
- Bei knappem Zeitlimit oder jüngeren Schülern empfiehlt es sich, Schritt 3 (Kopiervorlage) auszulassen und die geklappten Flächen nur mit Filzstift auszugestalten.
- Regen Sie an, neben den Tiermotiven auf der Kopiervorlage auch eigene Ideen umzusetzen.

Material

- weißes Papier (DIN A5 / Hälfte)
- farbiges Papier (DIN A5 / Hälfte)
- Bleistift
- Radiergummi
- Schere
- Klebestift
- schwarzer Filzstift
- Kopiervorlage (Arbeitsanleitung)

Geklappte Tiere

Anleitung

1. Flächen für Klappschnitt herstellen:

- Falte und zerschneide weißes Papier (Zeichenpapier/Kopierpapier – DIN A4) so, dass eine Fläche in der Größe DIN A5 entsteht und halbiere diese nochmals (ca. 10 cm × 14 cm).
- Wähle dann farbiges Papier in einer beliebigen Farbstellung und wiederhole diesen Vorgang.
- Halbiere jetzt nur die farbige Fläche nochmal senkrecht, sodass sie eine Hälfte der weißen Ausgangsfläche genau abdeckt (ca. 5 cm × 14 cm).

Tipp: Anfallende Reste kannst du für weitere Versuche verwenden.

2. Entwurf von Tiermotiven und Klappschnitt:

- Zeichne mit Bleistift auf die farbige Fläche die Umrisse eines beliebigen Tierkopfes, den man nur zur Hälfte sieht (Kopiervorlage – Schritt 1). Eine Längsseite dient als halbierende Trennlinie.
- **Wichtig:** Die Konturen dürfen die Außenlinien nicht berühren. Lasse dort einen Abstand von 1–2 cm.
- Entwirf Schnauze, Nase oder Schnabel in der Mitte der Motivfläche mit einfachen Linien. Wieder wird nur eine Hälfte benötigt (Kopiervorlage – Schritt 3).
- Schneide die Teile 2 und 3 gemäß ihrer Vorzeichnung aus.

Tipp: Erfinde weitere individuelle Tierköpfe wie Frosch, Schmetterling, Pferd oder Pudel.

<u>Klappschnitt:</u>

- Klebe Teil 1 (Hintergrundfläche mit Negativform der Schablone) sofort passgenau auf eine Hälfte des weißen Hintergrundes.
- Klappe die Positivform (Teil 2) über die Trennlinie auf die andere Seite und klebe sie exakt entlang dieser Linie auf. Der Tierkopf besteht nun aus einer weißen und einer farbigen Hälfte.
- Klebe Teil 3, wie im ursprünglichen Entwurf aufgezeichnet, gegenüber seiner (weißen) Negativform auf.

3. Weitere Ausgestaltung:

- Schneide aus einem beliebigen Tonpapierrest ein Augenpaar und klebe es an die gewünschte Stelle.

  Tipp: Beim Ausschneiden das Papier doppelt nehmen!

- Zeichne anschließend mit schwarzem Filzstift weitere Details hinzu: Pupillen, Lider, Nase, Fellstrukturen, Federn.
- Betone oder verändere dabei die Umrisslinien und bearbeite die gesamte Gesichtsfläche, um dem Tierkopf ausdrucksstarke und typische Züge zu verleihen.
- Begradige zum Schluss die äußeren Ränder mit der Schere.

  Tipp: Auf Fotokarton in Postkartengröße aufgeklebt, ergeben die Lösungen witzige und originelle Kartenmotive für verschiedene Anlässe.

Geklappte Tiere

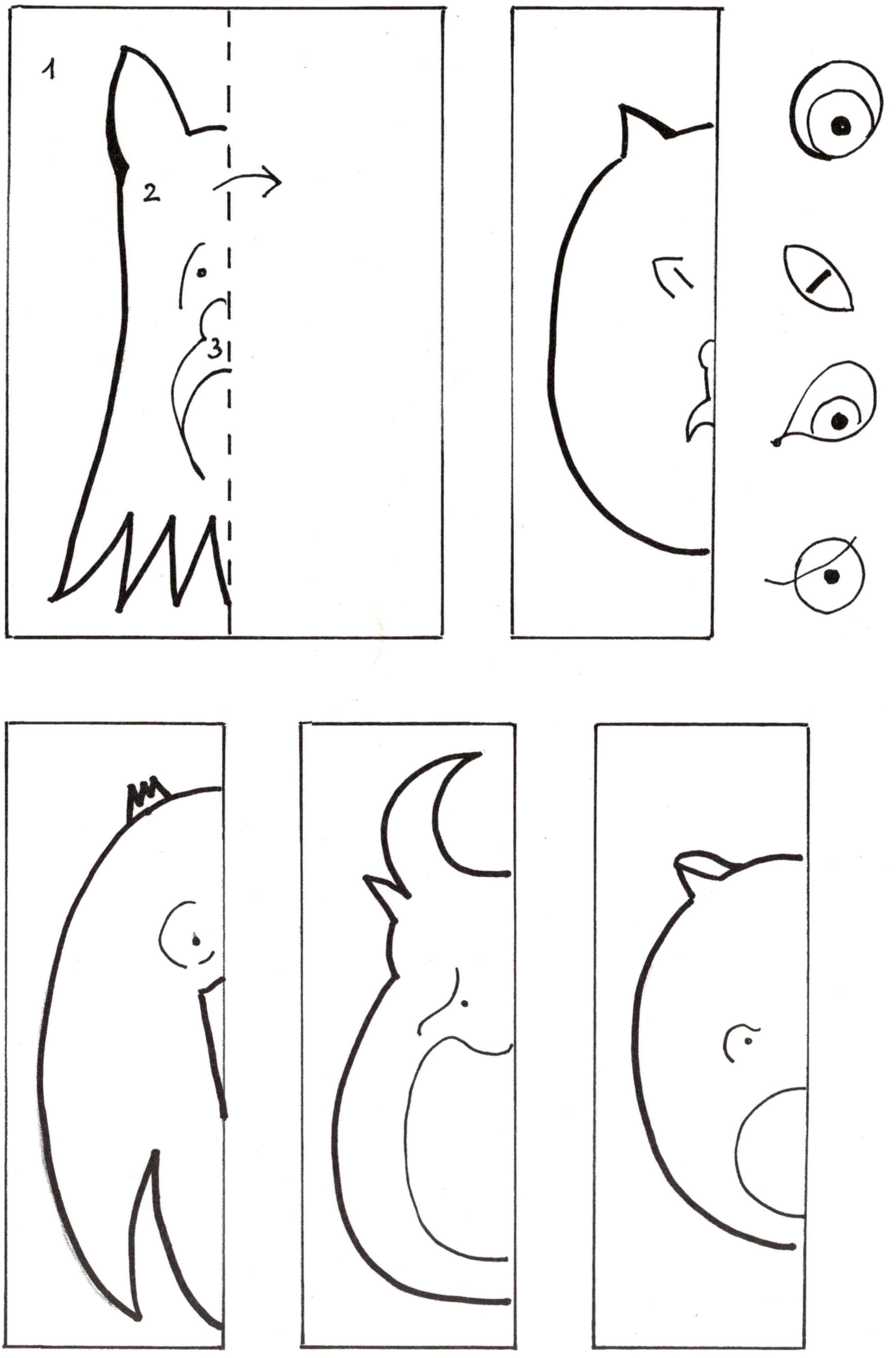

Geklappte Tiere

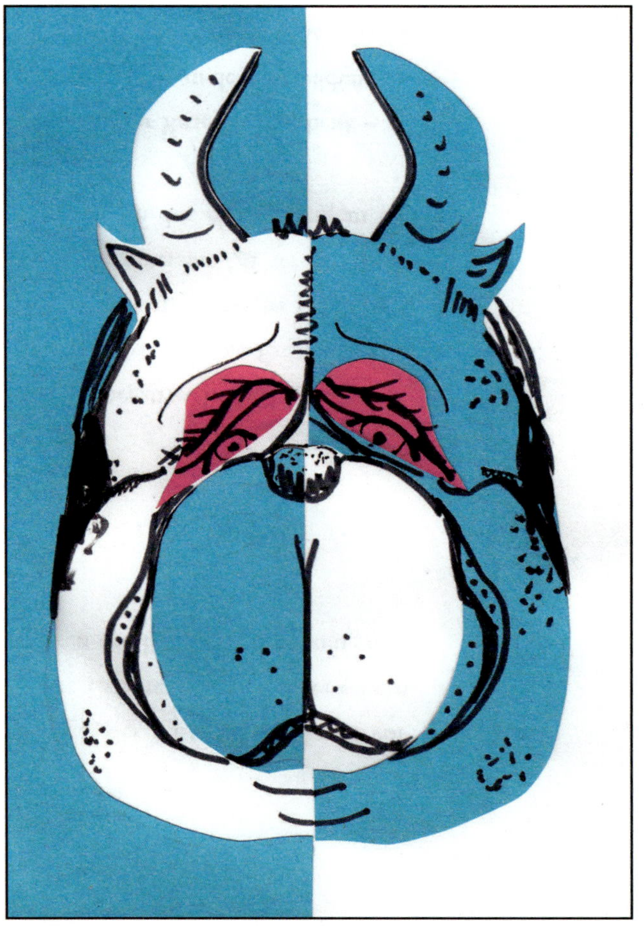

Im Eismeer

Kurzbeschreibung

Die Schüler gestalten aus Tonpapier eine bewegte Meeresfläche mit Eisbergen. Seitlich schiebt sich ein großer Eisbrecher ins Bild. Die Schüler arbeiten in kleinen Gruppen im Collageverfahren.

Jahrgangsstufe

5–10

Zeitaufwand

1 Unterrichtsstunde

Lehrplanbezug

1. Sachkompetenz: Einsatz von Tonpapierteilen in verschiedenen Farbstellungen, Umgang mit Schere und Klebestift
2. Methodenkompetenz: Collage, Bildkomposition (Staffelung von Farbflächen), Objektanschnitt, Schneiden ohne Vorzeichnung
3. Soziale Kompetenz: Gruppenarbeit, Arbeitsteilung im Team

Hinweise

- Zeigen Sie als Einleitung den Lösungsvorschlag auf Folie.
- Achten Sie darauf, dass die Arbeitsgruppen (3 Mitglieder) selbstständig im Vorfeld die Aufteilung der Arbeitsschritte absprechen.
- Stellen Sie blaues Tonpapier in 3–4 Farbstellungen zur Verfügung. Auch einfaches blaues Kopierpapier (DIN A4) eignet sich zum Einsatz.
- Weisen Sie darauf hin, dass alle Collageteile (Wellen, Eisberge, Schiff) ohne Vorzeichnung zurechtgeschnitten werden sollten.
- Regen Sie an, dass die Schüler mit der Anordnung der Teile experimentieren, bevor sie sie aufkleben.

Material (pro Arbeitsgruppe)

- blaues Tonpapier/Fotokarton (DIN A3) für den Hintergrund
- blaues Tonpapier (DIN A4) in drei weiteren Farbstellungen
- Tonpapierreste in beliebigen anderen Farben (Eisbrecher)
- weißes Kopierpapier (DIN A4)
- Schere
- Klebestift
- Kopiervorlage (Arbeitsanleitung)

Im Eismeer

Anleitung

1. Einleitende Hinweise:

- Betrachtet den Lösungsvorschlag. Besprecht anhand der Kopiervorlage (Arbeitsanleitung) kurz die Vorgehensweise.
- Bildet Dreiergruppen und besprecht die Arbeitsteilung:

  a) Zwei Teammitglieder erarbeiten die Meeresfläche und die Eisberge.

  b) Ein Schüler gestaltet separat den Eisbrecher, der seitlich vom Bildrand abgeschnitten wird.

2. Meeresfläche:

- Ein Schüler aus eurer Gruppe nimmt blaues Tonpapier in einer beliebigen Farbe waagrecht und schneidet einen schmalen Streifen (ca. 2 cm) so ab, dass ein Wellenrand entsteht. An der gegenüberliegenden Seite wird die Fläche um ca. 8 cm verkleinert.
- Dieser Schritt wird mit blauem Tonpapier in einer anderen Farbstellung wiederholt.
- Ein weiteres Gruppenmitglied schneidet in der Zwischenzeit spitze Eisbergformen aus weißem Papier zurecht (siehe Kopiervorlage).
- Dann ordnen beide die blauen Flächen untereinander an. Beginnt damit etwa 10 cm vom oberen Rand des Hintergrundes (DIN A3) entfernt
- Die Eisbergschollen platziert ihr so dazwischen, dass ihre Spitzen über die Wellenkämme hinausragen und klebt die Collageteile anschließend fest.
- Bearbeitet dann den restlichen Hintergrund mit Tonpapier in einer dritten Blautönung auf dieselbe Weise.
- Gestaltet aus den angefallenen Reststreifen bis zum unteren Blattrand hin weitere Wellenformationen und klebt auch sie auf.

Tipps: Klebt zur Auflockerung kleine, schmale Wellenstreifen und Schaumkronen in unterschiedlichem Blau auf die einzelnen Flächen. Beachtet, dass die Eisberge am Horizont sehr klein sind. Die Schollen werden umso größer, je weiter sie in den Vordergrund rücken.

3. Eisbrecher:

- Ein weiterer Schüler aus eurer Gruppe schneidet aus Tonpapier in einer kontrastierenden Farbe (z. B. Rot) die Hälfte eines großen Schiffskörpers (Bug) zurecht (Ausgangsfläche ca. 12 cm × 20 cm).
- Er fügt Aufbauten, Schlote und Fenster hinzu und beklebt die Schiffswand mit Buchstaben oder Emblemen.
- Zum Schluss klebt ihr das Schiff auf die Meeresfläche in eine der unteren Ecken, sodass es seitlich in das Bild hineinragt.

Im Eismeer

Im Eismeer

Jim und Jane

Kurzbeschreibung

Die Schüler setzen die Teile eines Streifenpuzzles (Kopiervorlage) passgenau zusammen und kleben sie auf weißes Papier (DIN A4). Dann bearbeiten sie die Figuren mit Buntstiften und strukturieren den Hintergrund mit Lineal und Filzstift.

Jahrgangsstufe

7–10

Zeitaufwand

1–2 Unterrichtsstunden

Lehrplanbezug

1. Sachkompetenz: Umgang mit Schere und Schablonenteilen, Einsatz von Buntstiften, Filzstiften und Lineal
2. Methodenkompetenz: Bild aus Puzzleteilen, Kolorieren mit Buntstiften, Figur-Grund Bezug, Elemente des Comic

Hinweise

- Achten Sie darauf, dass die Schüler die Puzzlestreifen passgenau auf einen weißen Hintergrund (DIN A4) kleben.
- Weisen Sie für die farbige Ausgestaltung darauf hin, dass Hautpartien (Gesicht, Arme) weiß bleiben sollten.
- Regen Sie an, dass die Schüler die Kleidungsstücke in beliebigen, auch poppigen Farben und Mustern gestalten können.
- Um die Figuren herauszuheben, wird der Hintergrund mit dünnem Filzstift und Lineal durch waagrechte (Boden) und senkrechte Linien (obere Bildhälfte) strukturiert. Farben und Abstände können beliebig gewählt werden.
- Die Aufgabe kann auch mithilfe von schwarzen Filzstiften grafisch gelöst werden (siehe Variante 1).
- „Schnelle“ Schüler versehen das Bild mit Sprechblasen aus weißem/buntem Papier, die zusätzlich aufgeklebt werden.

Material

- Kopiervorlage (Streifenpuzzle)
- weißes Zeichenpapier (DIN A4)
- Schere
- Klebestift
- schwarze Filzstifte (verschiedene Stärken)
- bunte Filzstifte
- Buntstifte
- Lineal

Jim und Jane

Anleitung

1. Puzzle:

- Nimm die Kopiervorlage mit den Puzzlestreifen und schneide alle Teile aus.
- Ordne sie auf einem weißen Zeichenblatt (DIN A4) zu einem Bild an und klebe sie dann passgenau in der Bildmitte nebeneinander fest.

Tipps: Kleine Ungenauigkeiten lassen sich kaschieren, indem du mit schwarzem Filzstift die Linien nochmals nachziehst.

2. Ausgestaltung:

Variante 1

- Bearbeite die Motive grafisch, d. h. mit fein zeichnendem schwarzem Filzstift:
- Lockere einzelne Flächen, z. B. Kleidung und Tasche, durch Muster auf (Punkte, Kreise, Streifen, Spiralen usw.).
- Ergänze Haarsträhnen und füge weitere Accessoires wie Armbanduhr, Ohrringe, Halskette, Brille oder Hut hinzu.

Tipps: Alle Hautpartien bleiben unbearbeitet.

Variante 2

- Gestalte einzelne Teile farbig mit Buntstiften aus.

Tipps: Durch Schraffuren und unterschiedlichen Druck lassen sich Farbnuancen erzielen. Du kannst auch Farbschichten übereinander legen.

3. Hintergrund:

- Wähle einen fein zeichnenden Filzstift in beliebiger Farbe (z. B. Schwarz) aus und lege mit dem Lineal eine Horizontlinie fest (ca. 10 cm vom unteren Blattrand entfernt).
- Strukturiere die entstandene Bodenfläche mit dem Lineal mit parallelen, waagrechten Linien, die zum Teil unterbrochen sind und deren Abstand zueinander zum unteren Blattrand hin größer wird.
- Akzentuiere zum Schluss den Hintergrund in der oberen Bildfläche mit senkrecht verlaufenden parallelen Linien.

Jim und Jane

Klassenautogramm

Kurzbeschreibung

Die Schüler erstellen ein Klassenbild, indem sie mit schwarzem Filzstift als Grundgerüst einen knorrigen Baumstamm mit mehreren Ästen und Zweigen entwerfen und anstelle der Blätter mit grünen Filzstiften ihre Namen integrieren.

Jahrgangsstufe

5–10

Zeitaufwand

1 Unterrichtsstunde

Lehrplanbezug

1. Sachkompetenz: Differenzierter Einsatz von verschiedenen Filzstiften
2. Methodenkompetenz: Lineares Zeichnen und Strukturieren, Schrift im Bild
3. Soziale Kompetenz: Ein gemeinschaftliches Vorhaben umsetzen

Hinweise

- Das Projekt zielt darauf ab, dass zum Schluss jeder Schüler sein persönliches „Klassenautogramm“ in der Größe DIN A4 als Schmuckblatt in einer Mappe aufbewahren kann.
- Einsatz-Variante 1: Eine der Lösungen könnte auch mit dem Kopiergerät vergrößert (DIN A3) an der Tür des Klassenzimmers präsentiert werden.
- Einsatz-Variante 2: Das Klassenautogramm eignet sich auch als Grußkarte für einen Lehrer oder Klassenkameraden.
- Fordern Sie die Schüler auf, farbige Filzstifte untereinander auszutauschen.

Material

- weißes Zeichenpapier (DIN A4)
- schwarze Filzstifte (verschiedene Stärken)
- bunte Filzstifte (fein zeichnend)
- Lösung 1/2 als Folie
- Bleistift
- Radiergummi

Klassenautogramm

Anleitung

1. Baum (Grundgerüst):

Zeichne mittig auf ein weißes Zeichenpapier (DIN A4, senkrecht) einen Baumstamm und davon ausgehend Äste und Zweige der Baumkrone. Am besten fertigst du erst eine Bleistiftvorzeichnung an und ziehst dann die Linien mit dickerem schwarzem Filzstift nach.

Zeichentipps

- Der Baumstamm ist im Wurzelbereich breiter. Ebenso werden die Äste dort, wo sie herauswachsen, dicker gestaltet.
- Der Stamm verläuft etwas gekrümmt und wird mit Rindenstrukturen und knotigen Verdickungen versehen.
- Die Äste sollten sich nicht berühren oder überschneiden.
- Lass zwischen den Zweigen noch genügend Platz für Schriftzüge.
- Füge im unteren Bereich des Baumes markante Wurzeln hinzu, die ebenfalls mit grafischen Elementen (Punkten, Linien) ausgestaltet werden.

2. Schriftzüge als Blätterwerk:

<u>Lösung 1:</u>

- Reiche deinen Baumentwurf an einen Mitschüler. Du erhältst dafür nacheinander die Entwürfe der anderen Klassenmitglieder zur weiteren Bearbeitung.
- Setze mit grünen Filzstiften (fein zeichnend) deinen Namen schwungvoll in einen oder mehrere Zwischenräume zwischen den Ästen. Dabei kannst du deine Unterschrift entlang der Äste oder in einer gewissen Entfernung davon anlegen. Schriftzüge, die sich berühren oder überschneiden, erzeugen dichteres „Blattwerk".
- Unterschreibe mit deinem Vornamen und/oder Familiennamen.

<u>Lösung 2:</u>

- Wenn du „dein" Ausgangsblatt zurückerhalten hast, füllst du die winzigen Binnenflächen, die innerhalb der Schriftzüge durch Ober- und Unterlängen entstanden sind, mit Filzstiften in beliebigen Farben aus.
- Gestalte auch den Bereich um die Baumwurzeln in denselben Farben in Form von kleinen Steinen und Gräsern.
- Achte darauf, dass die einzelnen Farbakzente harmonisch über das Bild verteilt werden.

Klassenautogramm

Kleiner Rahmen

Kurzbeschreibung

Die Schüler gestalten aus Ton- oder Zeichenpapier einen Rahmen für DIN-A6-Bilder, den sie mit einer Blütenform als Blickfang dekorieren.

Jahrgangsstufe

5–10

Zeitaufwand

1 Unterrichtsstunde

Lehrplanbezug

1. Sachkompetenz: Zielgerichteter Umgang mit Lineal, Schere und Papier
2. Methodenkompetenz: Genaues Falten, Schneiden und Kleben nach Anweisung, Rahmen als Erweiterung und Betonung eines Bildmotivs, dekorative Ideen im Bereich Design

Hinweise

Variante 1:

- Die Schüler können bereits vorhandene Bilder (Tiere, Klassenfotos, Landschaften, eigene Skizzen) als Motive verwenden, zu denen ein passender Rahmen gefertigt werden soll. Dabei empfiehlt es sich, dass sie kontrastierende Farben für den Rahmen wählen oder Farbstellungen aus dem Bild wieder aufnehmen und somit betonen.
- Stellen Sie dazu eine breite Palette an farbigem Tonpapier in der Größe DIN A4 zur Verfügung.

Variante 2:

- Die Schüler gestalten einen neutralen Rahmen in Weiß oder Schwarz, der nachträglich mit beliebigen Bildern bestückt werden kann.
- Achten Sie darauf, dass die Schüler die Rahmenbreite auf allen Seiten mit dem Lineal und Hilfslinien festlegen.
- Weisen Sie darauf hin, dass das Dekorationselement (Blüte) auch entfallen und der Rahmen mit parallelen Linien oder Mustern bearbeitet werden kann.

Material

- Kopiervorlage (Arbeitsanleitung)
- Bildmotiv (ca. DIN A6)
- Tonpapier/Zeichenpapier (DIN A4)
- Lineal
- Bleistift
- Radiergummi
- Schere
- Klebestift
- Filzstifte
- Bürohefter

Kleiner Rahmen

Anleitung

1. Rahmengrundform festlegen:

Variante 1

- Wähle Tonpapier (DIN A4) in einer Farbe, die zu dem Bild passt, das du einrahmen willst.
- Falte das Papier waagrecht so zusammen, dass eine (doppelte) Fläche in der Größe DIN A5 entsteht (1) und klappe die Fläche danach auseinander.
- Falte eine Hälfte so, dass der äußere Rand auf der Faltkante (1) zu liegen kommt, und klappe die Fläche wieder auseinander.
- Lege das ausgewählte Bild als Schablone mittig auf diese Fläche und ziehe die Kanten mit Bleistift und Lineal nach (2).
- Zeichne nun mit Bleistift ein kleineres Rechteck, dessen Seiten jeweils um 1 cm kleiner sind, in die Mitte (3).
- Miss mit dem Lineal nach, ob es genau in der Mitte liegt.
- Klappe diese Hälfte wieder so zusammen, dass die Bleistiftlinien (jetzt nur zur Hälfte) sichtbar sind (4) und schneide mit der Schere von der Faltkante her das innere Rechteck aus (5).
- Wenn du es wieder aufklappst, ist ein Rahmen entstanden, der mit dem Hintergrund für dein Bild an einer Seite zusammenhängt.
- Klebe jetzt dein Motiv auf die Hintergrundfläche, klappe den Rahmen darüber und klebe auch ihn fest.

Variante 2

- Wenn du noch kein Bildmotiv gefunden hast, gestaltest du den Rahmen am besten in einer neutralen Farbe (Weiß/Schwarz/Grau).
- Verwende als Schablone für die Bildgröße eine Postkarte oder ein beliebiges Foto.
- Lass zum Schluss noch eine Rahmenkante offen, damit du das Bild später einlegen kannst.

2. Dekomotiv:

- Zeichne auf einen Tonpapierrest (ca. 6 cm × 6 cm) eine Blütenform auf, die du doppelt ausschneidest.
- Klebe die zwei Motive versetzt aufeinander.
- Befestige sie mit Klebstift in einer Ecke des Rahmens oder tackere sie mit einem Bürohefter an.
- Klebe in die Mitte der Blüte eine runde oder eckige Form als Blüteninneres.

Tipp: Du kannst auch ein Blattornament gestalten.

- Als Alternative lässt sich die Rahmenfläche mithilfe von Filzstift und Lineal durch parallele Linien oder Muster auflockern.

Kleiner Rahmen

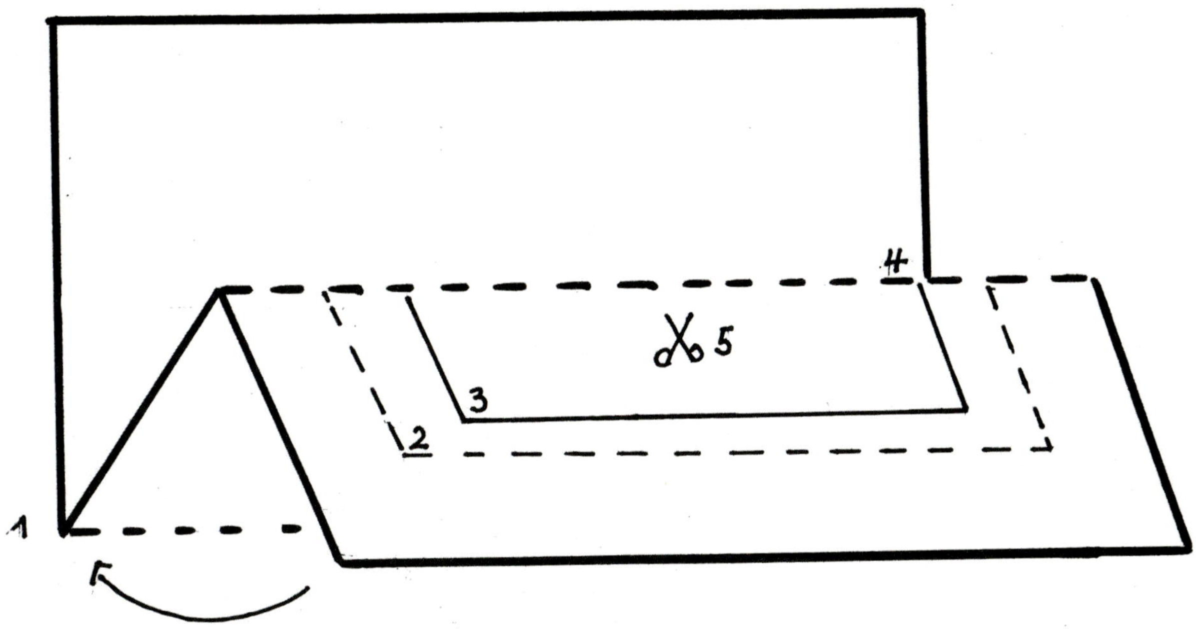

Lange Schatten

Kurzbeschreibung

Die Schüler gestalten mit Lineal und schwarzem Filzstift eine Reihe von Bäumen, deren Schatten schräg über die weiße Bildfläche fallen. Der Hintergrund wird durch eine angedeutete Horizontlinie und kleine Bodenformationen strukturiert.

Jahrgangsstufe

7–10

Zeitaufwand

1 Unterrichtsstunde

Lehrplanbezug

1. Sachkompetenz: Umgang mit Lineal und schwarzen Filzstiften in verschiedenen Stärken, die Nichtfarben Schwarz und Weiß
2. Methodenkompetenz: Licht- und Schattenzonen, grafisches Arbeiten mit Punkt und Linie, Bildkomposition (Objektanschnitt)

Hinweise

- Weisen Sie darauf hin, dass die Schattenzone zwei Drittel der Bildfläche einnimmt, während die Bäume ohne Kronen und Äste vom oberen Bildrand abgeschnitten werden.
- Erläutern Sie einleitend anhand der Kopiervorlage die Konstruktion der Schatten und die einzelnen Arbeitsschritte.
- Achten Sie darauf, dass die Schüler Strukturen im Hintergrund nur sparsam andeuten.
- Präsentieren Sie die Lösungen dicht neben- und übereinander in „Cluster"-Form als originellen optischen Blickfang.

Material

- weißes Zeichenpapier (DIN A4)
- Lineal
- Bleistift
- schwarze Filzstifte in verschiedenen Stärken
- Kopiervorlage (Arbeitsschritte)

Lange Schatten

Anleitung

1. Baumstämme:

- Lege ein weißes Zeichenpapier (DIN A4) senkrecht vor dich.
- Zeichne mit dem Lineal und einem dickeren schwarzen Filzstift vom oberen Blattrand her (10 cm) unterschiedlich dicke Baumstämme, die in die weiße Fläche hineinragen.
- Zeichne die Stämme in verschiedenen Abständen zueinander und gib ihnen unterschiedliche Länge.

Wichtig: Äste und Baumkronen sind nicht zu sehen, da sie vom oberen Blattrand abgeschnitten werden.

2. Schatten:

- Lege außerhalb der Blattfläche (links oder rechts oben) einen Punkt fest, von dem aus die Sonnenstrahlen die Bäume beleuchten.
- Ziehe (eventuell zunächst mit Bleistift) von den unteren Enden (Wurzeln) der Bäume mit dem Lineal schräg über das Blatt fallende Schattenlinien, die zum Teil auf der Fläche enden, zum Teil vom seitlichen Bildrand abgeschnitten werden.
- Fülle die Flächen der Stämme mit dicht nebeneinander verlaufenden schwarzen Linien und verfahre mit den Schattenlinien ebenso.
- Entwirf danach (auf den Schattenzonen) Baumkronen mit Ästen und kleinen Zweigen, die du mit schwarzem Filzstift per Hand oder mit dem Lineal hinzufügen kannst. Sie sollten sich nur wenig überschneiden.

Tipp: Die Schatten der Äste sind dünner als die der Stämme. Zeichne die Ansatzstellen dort, wo die Äste aus den Stämmen herauswachsen, etwas dicker.

3. Hintergrund:

- Verwende jetzt einen fein zeichnenden schwarzen Filzstift zum Weiterarbeiten.
- Lege ca. 2–3 cm vom oberen Rand entfernt mit Bleistift eine Hilfslinie als Horizont fest.
- Entwirf entlang dieser Linie kleine Hügel und Büsche.

Tipps: Je kleiner die Details gezeichnet werden, desto weiter entfernt erscheinen sie. Die Horizontlinie reicht nicht bis an die Umrisse der Bäume heran, sondern sollte einige Millimeter vor der Kontur der Bäume enden.

- Arbeite zum Schluss in die restliche Blattfläche, vor allem im Bereich der Wurzeln, kleine Bodenstrukturen ein, z. B. Steinchen, Gräser, Andeutungen von Moos und Sand.

Filzstift, Lineal

Lange Schatten

1

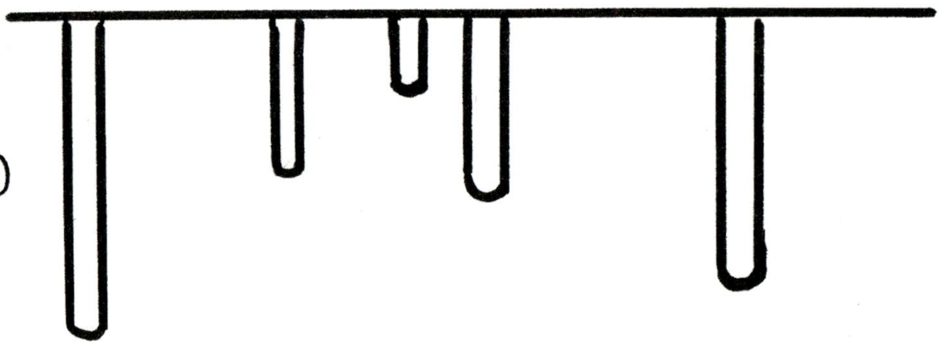

2

3

Mützenparade

Kurzbeschreibung

Die Schüler erhalten drei identische Gesichtsumrisse als Impuls und zeichnen Gesichter und unterschiedliche Mützenformen hinzu. Sie gestalten die Kopfbedeckungen differenziert mit Stiften aller Art farbig aus.

Jahrgangsstufe

5–10

Zeitaufwand

1 Unterrichtsstunde

Lehrplanbezug

1. Sachkompetenz: Kombinierter Einsatz von Kreiden, Filzstiften, Markern und Bleistift
2. Methodenkompetenz: Weiterzeichnen, Ideenfindung im Bereich Mode/Design, farbige Ausgestaltung von Flächen

Hinweise

- Achten Sie darauf, dass den Schülern eine große Bandbreite von Zeichenwerkzeugen zur Verfügung steht: Bleistift, Filzstifte, Wachsmalkreiden, Marker etc.
- Regen Sie an, dass die Schüler Stifte untereinander austauschen.
- Weisen Sie darauf hin, dass die angedeuteten Gesichtsumrisse auf der Kopiervorlage nur als Impulse zu verstehen sind und weiter ausgestaltet werden sollen (z. B. Augen, Ohren, Nase, Mund, Haare, Accessoires), sodass in Kombination mit den unterschiedlichen Kopfbedeckungen unterschiedliche Typen entstehen.
- Es wird gleich auf der Kopiervorlage weitergearbeitet.

Material

- Kopiervorlage (Zeichenimpulse)
- Bleistift
- Radiergummi
- bunte Filzstifte
- Wachsmalkreiden
- Marker

Mützenparade

Anleitung

1. Gesichter gestalten:

Auf dem Arbeitsblatt sind die Umrisse der unteren Hälfte von drei gleichen Köpfen zeigt. Die Lage von Nasenlöchern und Oberlippe ist angedeutet.

- Ergänze mit Bleistift Nasenrücken, Mund und Augenpartie.
- Achte auf folgende Details, damit die Mimik möglichst unterschiedlich ausfällt: Blickrichtung, Lider, Brauen, Nasen- und Mundgröße, Ohren, seitlich sichtbare Haarsträhnen, Brille, Bart usw.
- Deute unter dem Kinn eine kurze Halspartie an.

2. Mützen entwerfen:

- Entwirf mit Bleistift verschiedene Kopfbedeckungen:
  Baskenmütze, Hipstermütze, Pudelmütze, Baseballmütze, Kappe mit Schirm, Mütze mit Ohrenklappen, Pelzmütze, Turban usw.

> **Tipps:** Mützen bedecken oft auch die Stirnpartie oder die Ohren und sie unterstreichen oder verändern die Gesichtsform. Mützen können auch ein Logo tragen und aus unterschiedlichem Material sein (gemustert, gestrickt, glänzend).

- Ziehe alle Bleistiftlinien mit fein zeichnendem schwarzem Filzstift nach und entferne überflüssige Bleistiftspuren.

3. Farbige Gestaltung:

- Wähle für die Ausgestaltung der Mützen kräftige Farben.
- Verwende verschiedene Werkzeuge in Kombination (z. B. Marker und Wachsmalkreiden für größere Flächen, Filzstifte und Bleistift für detaillierte Bereiche oder feine Muster). Lege dafür Farbschichten neben- und übereinander an.
- Erfinde für Hals- und Schulterpartie eine passende Kragenlösung oder eine Kette.
- Setze im Gesicht farbige Akzente: Augen, Mund, Brillengläser, Bart, Haarsträhnen usw.
- Die restlichen Hautpartien bleiben unbearbeitet (weiß).

Mützenparade

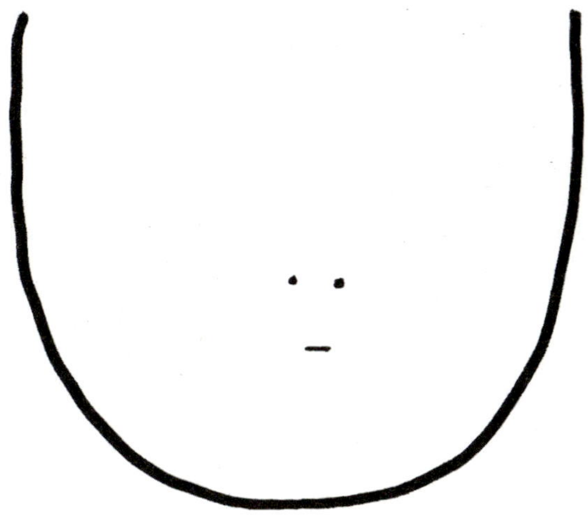

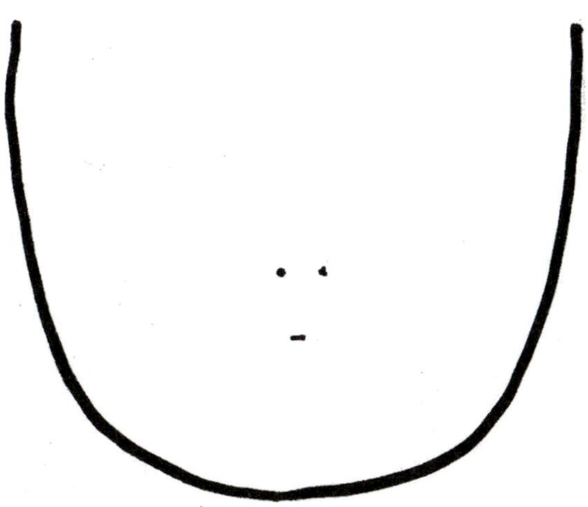

Pferdekopf

Kurzbeschreibung

Die Schüler erstellen aus geometrischen Grundformen die Bleistiftskizze eines Pferdekopfes, die sie anschließend mithilfe eines fein zeichnenden schwarzen Filzstifts mit Kritzelspuren grafisch überarbeiten.

Jahrgangsstufe

7–10

Zeitaufwand

1 Unterrichtsstunde

Lehrplanbezug

1. Sachkompetenz: Kreativer Einsatz von Filzstift und Bleistift
2. Methodenkompetenz: Bildkomposition aus geometrischen Formen, intuitives Kritzeln als flächenfüllendes Element, Verdichtung und Streuung

Hinweise

- Achten Sie darauf, dass die Schüler mit einem Grundgerüst aus geometrischen Formen beginnen (Kopiervorlage 1–5).
- Weisen Sie darauf hin, dass alle Linien der Vorzeichnung nicht nachgezogen, sondern von gekritzelten Linien überlagert und an einigen Stellen zu Kritzelflächen erweitert werden.
- Demonstrieren Sie diesen Vorgang an der Tafel oder auf dem Tageslichtprojektor (Folie der Kopiervorlage, Folienstift).

Material

- weißes Zeichenpapier (DIN A4)
- Kopiervorlage (Zeichenanleitung)
- Bleistift
- Radiergummi
- fein zeichnender schwarzer Filzstift
- Kopiervorlage auf Folie
- Folienstift

Pferdekopf

Anleitung

1. Bleistiftentwurf:

- Lege ein weißes Zeichenpapier (DIN A4) senkrecht vor dich.
- Konstruiere mit Bleistift zunächst ein Grundgerüst aus geometrischen Grundformen und orientiere dich dabei an den vorgegebenen Schritten auf der Kopiervorlage:
    1. Kreislinie für die Kinnlade und Augenpartie
    2. Rechteck (etwas abgeschrägt zulaufend) für Nasen- und Maulpartie
    3. Begrenzungslinie für Oberkopf und Mähne
    4. Zwei Dreiecke für die Ohren
    5. Pferdehals
- Zeichne als Nächstes mit abgerundeten, fließenden Konturen über die Hilfslinien hinweg die endgültigen Umrisse des Pferdekopfes.
- Ergänze Nüstern und Maul sowie Ohrmuscheln.
- Platziere das Pferdeauge (6) innerhalb des Kreises (1). Entferne anschließend den oberen Teil der Kreislinie mit dem Radiergummi.

2. Grafische Ausarbeitung:

- Beginne nun, mit fein zeichnendem schwarzem Filzstift die äußeren Konturen des Kopfes mit Kritzelspuren zu überzeichnen: Arbeite mit lang gezogenen oder kurzen Kritzellinien entlang der Umrisslinien und versuche, dabei möglichst wenig abzusetzen.
- Wenn du für Schattenzonen breitere Flächen gestalten willst, setze großzügig Kritzelflächen an- und übereinander, um so eine Verdichtung zu erreichen.
- Lege besonders im Bereich der Mähne viele Kritzellinien übereinander.
- Deute Fellstrukturen nur punktuell an.
- Lass das Weiß des Papiers als gestalterisches Element teilweise stehen.
- Entferne zum Schluss alle Bleistiftspuren mit dem Radiergummi.

Pferdekopf

Pirat

Kurzbeschreibung

Die Schüler gestalten mit nicht wasserlöslichen Wachsmalstiften das Porträt eines Piraten, das sie anschließend mit einer stark verdünnten Malkastenfarbe mit dem Pinsel übermalen.

Jahrgangsstufe

5–10

Zeitaufwand

2 Unterrichtsstunden

Lehrplanbezug

1. Sachkompetenz: Einsatz von Wachsmalstiften, Pinsel und Malkasten
2. Methodenkompetenz: Zeichnen mit Wachsmalstiften, Übermalen der mit Wachsstiften reservierten Flächen (Papierbatik)

Hinweise

- Die Schüler zeichnen mit Bleistift vor und ziehen dann alle Linien mit schwarzer Wachsmalkreide nach.
- Achten Sie darauf, dass die Schüler nicht wasserlösliche Wachsmalkreiden verwenden.
- Das Übermalen kann mit unterschiedlichen Farben ausgeführt werden, die jedoch stark mit Wasser verdünnt werden.
- Die Arbeit lässt sich auch in Format DIN A3 lösen.

Material

- weißes Zeichenpapier (DIN A4)
- Bleistift
- Radiergummi
- Kopiervorlage (Arbeitsanleitung)
- Wachsmalkreiden (nicht wasserlöslich)
- Malkasten
- Wassergefäß
- Pinsel (z. B. Nr. 6)

Pirat

Anleitung

1. Porträtkopf Pirat:

- Nimm ein Zeichenblatt (DIN A4) waagrecht und entwirf mit Bleistift den Kopf eines Piraten in Vorderansicht.
- Richte dich dabei nach den auf der Kopiervorlage empfohlenen Schritten (1–7).
- Ergänze Details wie Haare oder Schulterklappen.
- Setze in die Mitte des Hutes (8) ein Ornament mit den Anfangsbuchstaben eines Namens.
- Entferne anschließend alle Bleistiftlinien, die nicht zu sehen sein sollen.
- Ziehe als Nächstes alle Umriss- und Binnenlinien mit schwarzer Wachsmalkreide kräftig nach.
- Arbeite dann die Binnenflächen mit Wachsmalkreiden farbig aus, indem du Farbschichten an- und übereinandersetzt oder Muster und weitere Details erfindest (z. B. Bartstoppeln, Haarspitzen, Jackenstoff, Ohrschmuck, Zähne).

Tipp: Stellen, die weiß erscheinen sollen, werden ausgespart (und auch später nicht übermalt!).

2. Übermalaktion:

- Wähle eine Malkastenfarbe für den Hintergrund aus (z. B. Blau oder Gelb).
- Tauche den Pinsel (z. B. Nr. 6) in klares Wasser, bevor du Farbe aufnimmst.

Tipp: Ein Test auf einem Probeblatt zeigt, ob die Farbe stark genug verdünnt ist.

- Übermale dann in waagrechten, parallelen Strichen den Hintergrund und das Porträt: Die mit Wachsmalkreide gestalteten Flächen weisen die Farbe ab.

Tipps:

- Weiße Stellen aussparen.
- Hut und Jacke nochmals in einer anderen Farbe übermalen.
- An einigen Stellen nur punktuell Farbe setzen.
- Nach dem Trocknen markante Linien (z. B. Brauen, Nase) nochmals mit Wachsmalkreiden hervorheben und einige Stellen erneut übermalen.

Pirat

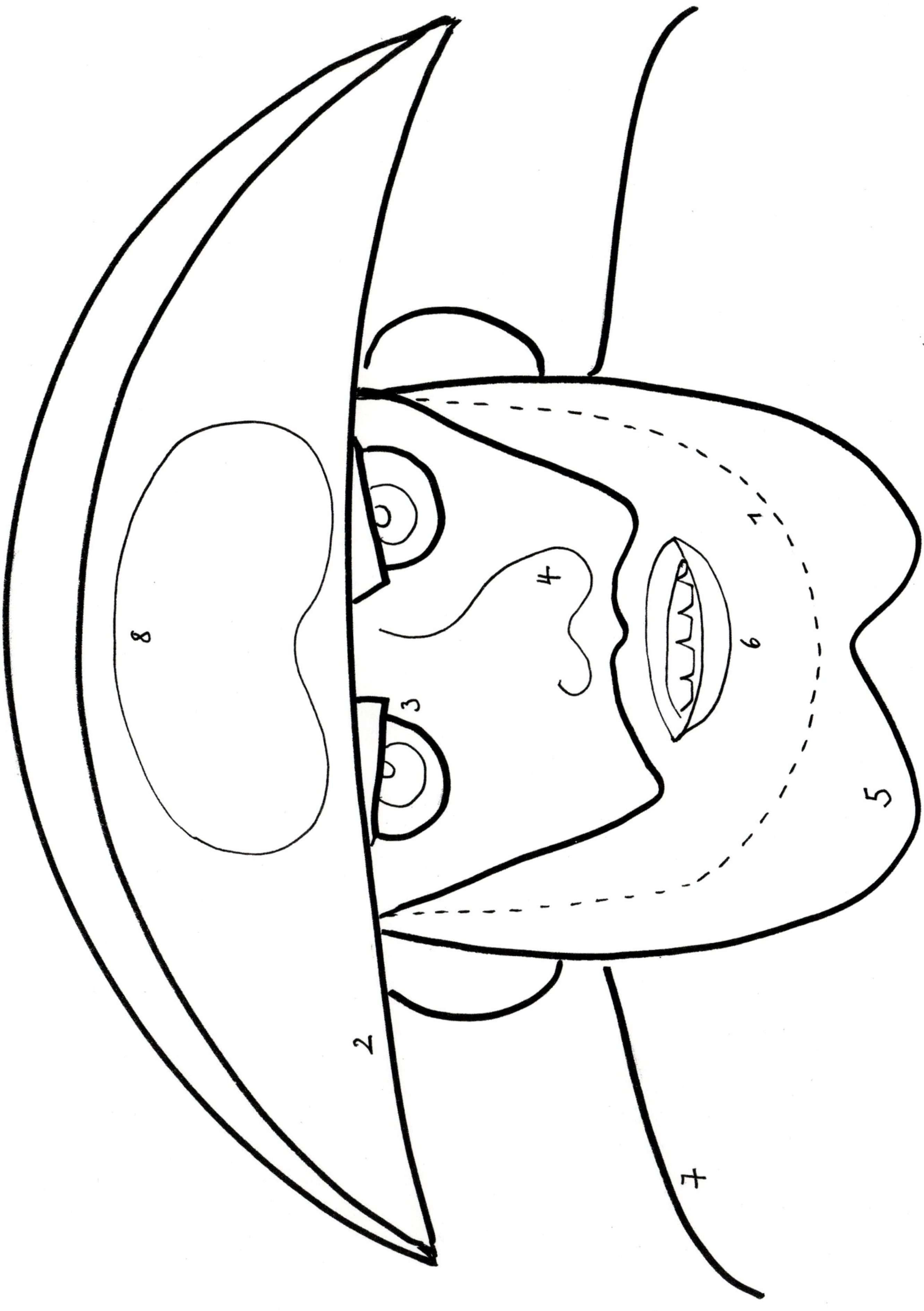

Schmetterlingskarte

Kurzbeschreibung

Die Schüler gestalten eine Klappkarte mit aufgeklebtem Schmetterlingsmotiv, die sich in der Mitte öffnen lässt. Sie arbeiten mit verschiedenfarbigem Tonpapier und Filzstiften.

Jahrgangsstufe

5–10

Zeitaufwand

1 Unterrichtsstunde

Lehrplanbezug

1. Sachkompetenz: Einsatz von Filzstiften, Schablonen und Schere, Symmetrie
2. Methodenkompetenz: Falten von Papier, Collage, Muster als Flächen füllende Elemente, Zusammenwirken von Bild und Text

Hinweise

- Die Karten können sowohl aus verschieden farbigem Tonpapier als auch aus weißem Zeichenpapier (DIN A4) gefertigt werden. Je nach gewünschter Größe verwenden die Schüler die Hälfte einer DIN-A4-Fläche (ca. 10 cm × 29 cm) oder einen Streifen in der Größe 10 cm × 21 cm als Ausgangsfläche.
- Die Schüler können die Schmetterlingsschablone (siehe Kopiervorlage) ausschneiden und auf Tonpapier nachzeichnen oder selbst eine Schablone entwerfen.
- Achten Sie darauf, dass die Schüler das Motiv erst nach der Bearbeitung genau entlang der Symmetrieachse zerschneiden und passgenau auf die Kartenflügel kleben.
- Weisen Sie darauf hin, dass es möglich ist, Texte auf der Innenfläche der Karte sowohl mit der Hand zu schreiben als auch mit dem Computer zu verfassen und dann als Papierstreifen aufzukleben.

Material

- Tonpapier in verschiedenen Farben / weißes Zeichenpapier (DIN A4)
- Lineal
- Bleistift
- Radiergummi
- Schere
- Filzstifte
- Kopiervorlage (Arbeitsanleitung)
- Büroklammer

Schmetterlingskarte

Anleitung

1. Klappkarte:

- Wähle Tonpapier in einer beliebigen Farbe oder weißes Zeichenpapier in Größe DIN A4 für die Karte aus. Überlege, in welcher Farbe du dein Schmetterlingsmotiv gestalten willst und ob sich dein Kartentext gut vom Hintergrund abheben wird.
- Schneide einen Streifen von 10 cm × 29 cm oder 10 cm × 21 cm von der DIN A4-Fläche ab, je nachdem wie groß du dein Textfeld gestalten willst.
- Falte den Papierstreifen so in der Mitte, dass du zwei gleiche Hälften erhältst.
- Klappe ihn wieder auf und lege die beiden Schmalseiten genau aneinander an diese mittlere Faltkante.
- Fahre die Knickkanten kräftig mit dem Finger nach.
- Die Karte lässt sich jetzt in der Mitte wie eine Tür mit zwei Flügeln öffnen.

2. Schmetterling:

- Schneide die Schmetterlingsschablone auf der Kopiervorlage aus.
- Lege sie auf Tonpapier in einer kontrastierenden Farbe und zeichne ihre Umrisse nach.

Tipp: Du kannst auch einen eigenen Entwurf machen und ihn dann im Symmetrieschnitt ausschneiden (siehe Anleitung).

- Gestalte nun das Motiv mit bunten Filzstiften aus:
  - Zeichne zuerst die Umrisse von Kopf und Körper.
  - Erfinde dann Muster (Kreise, Kringel, Streifen, Punkte) für die Flügel.
  - Schneide den Schmetterling zum Schluss aus.
  - Falte ihn in der Mitte zusammen und zertrenne ihn exakt entlang der Knickkante in zwei Hälften.
  - Klebe jede Hälfte so auf einen Flügel der Klappkarte, dass sie passgenau in der Mitte an die zweite Hälfte stößt.

3. Fertigstellen:

- Beschrifte die innere, mittlere Partie der Klappkarte mit einem beliebigen Text, z. B.: Einladung zur Party, Glückwunsch zum Geburtstag, Ostergrüße oder Valentinsgruß.

Tipp: Schreibe mit Bleistift vor und verwende dann Filzstifte oder schreibe den Text mit dem Computer auf schmale Papiersteifen, die du dann aufklebst.

- Klappe die Karte zu und befestige beide Hälften mit einer Büroklammer, die sich zum Öffnen leicht entfernen lässt.

Schmetterlingskarte

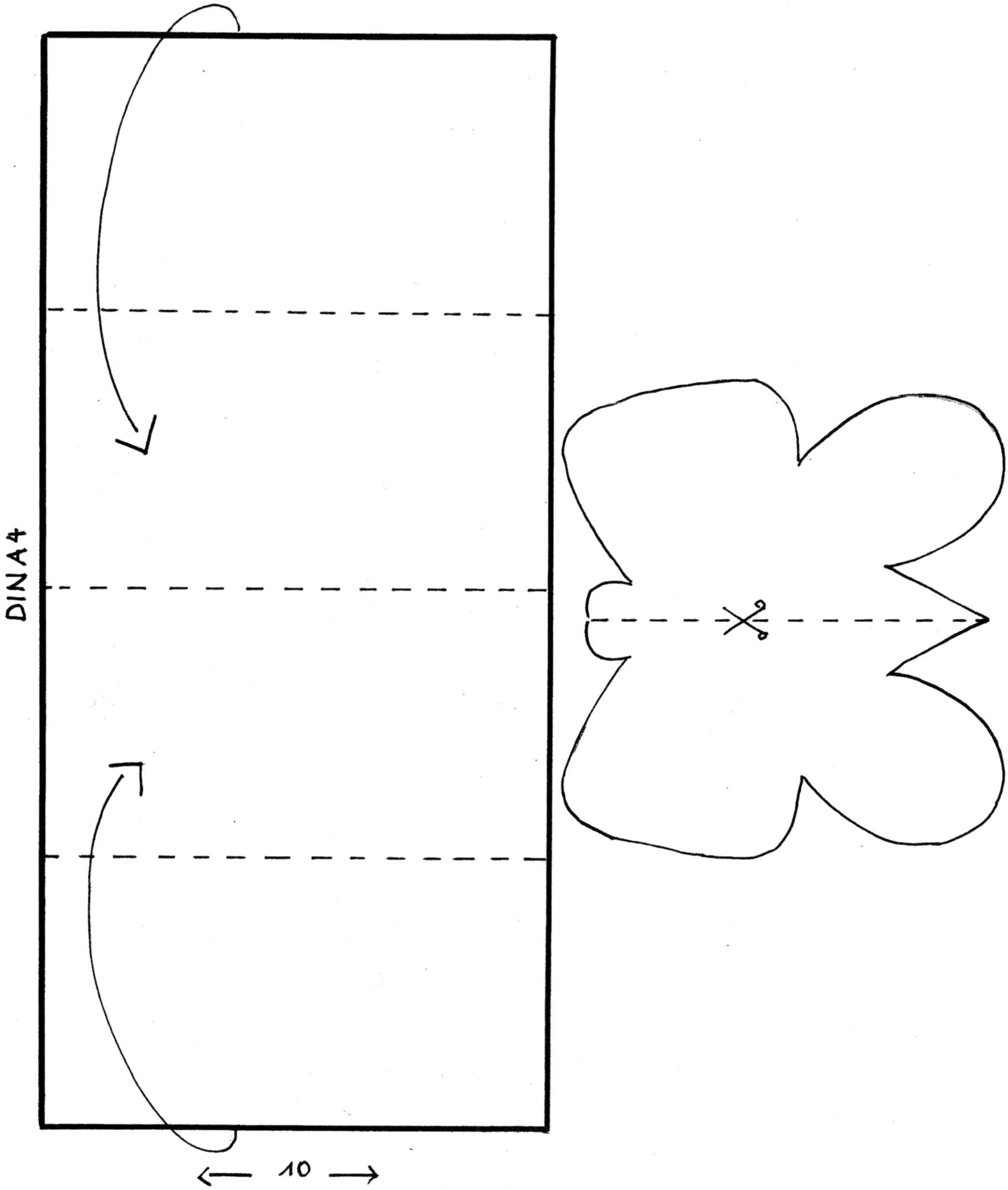

Schwan

Kurzbeschreibung

Die Schüler schneiden die Schablone eines Schwans aus der Kopiervorlage aus. Die vordere Körperpartie des Schwans wird auf dunkles Tonpapier geklebt, wogegen die hintere abgetrennt, in federförmige Collageteile zerschnitten und so fixiert wird, dass der Hintergrund in den Zwischenräumen zu sehen ist. Dann versehen die Schüler die Teilflächen mit Schriftzügen und gestalten die restliche Schablonenfläche grafisch aus.

Jahrgangsstufe

5–10

Zeitaufwand

1 Unterrichtsstunde

Lehrplanbezug

1. Sachkompetenz: Einsatz von Schablonen, Umgang mit Schere und schwarzen Stiften, Schneiden und Kleben
2. Methodenkompetenz: Collage, Schrift als dekoratives und informatives Element, einfacher Spaltschnitt

Hinweise

- Zeigen Sie als Einleitung den Lösungsvorschlag als Folie.
- Weisen Sie darauf hin, dass die vordere Körperhälfte des Schwans auf der Bildfläche sehr weit nach links platziert werden muss, damit für die Aufsplitterung der restlichen Papierfläche noch Platz bleibt. Insgesamt sollt das Motiv aber die Blattfläche gut ausfüllen.
- Die Schüler erarbeiten die Collageteile für die hintere Körperhälfte gleich mit der Schere ohne Vorzeichnung.
- Regen Sie die Schüler zum Experimentieren an.
- Folgende Themenfelder eignen sich inhaltlich für die Schriftzüge: Glückwünsche, Feriengedanken, To-do-Liste, unsere Klasse / unser Team.
- Die Arbeit kann auch auf Fotokarton in Größe DIN A3 gestaltet werden. Dafür müssen Sie jedoch die Kopiervorlage entsprechend vergrößern.

Material

- Lösung als Folie
- Tonpapier (DIN A4) in einer dunkleren Farbe
- Kopiervorlage (Schwan-Schablone) in Weiß
- Schere
- Klebestift
- schwarze Filzstifte (verschiedene Stärken)

Schwan

Anleitung

1. Die Schablone zerlegen:

- Schneide das Schwanenmotiv den Umrissen entlang aus.
- Schneide anschließend den hinteren Teil des Körpers, entlang der gestrichelten Linien, ab.
- Wähle nun ein Blatt Tonpapier in einer dunkleren Farbe aus (DIN A4) und lege es waagrecht vor dich.
- Klebe die vordere Hälfte des Schwans (Kopf, Hals, Vorderkörper) möglichst weit in die linke Hälfte der Blattfläche.
- Zerschneide nun den hinteren Teil des Körpers in federartige Teile.
- Beginne mit der Federkante, die beim Ausschneiden entstanden ist.
- Experimentiere mit der Lage und Größe der Teile, indem du immer einen kleinen Zwischenraum freilässt, in dem der Hintergrund zu sehen ist.
- Schneide unterschiedlich große Federn zurecht und klebe alle Teile gleich der Reihe nach auf, bevor du eine zweite Federschicht in Angriff nimmst.
- Denke daran, dass du auch größere Flächen fertigst, auf die man später einen Schriftzug setzen kann.
- Versuche, die Teile so aufzukleben, dass sie gut in die zweite (rechte) Hälfte des Blattes passen.
- Achte darauf, dass der Schwanenkörper in seinen hinteren Umrissen wieder angedeutet wird.
- Fertige die Federflächen aus der hinteren Schablonenhälfte, aber auch aus anderen Papierresten, die angefallen sind.

2. Schrift im Bild:

- Überlege nun, zu welchem Anlass du dieses Schriftbild einsetzen möchtest: Glückwunschkarte, Muttertag, Valentinstag, To-do-Liste für die nächsten Wochen, Liedtext usw. (Vielleicht beschließen auch deine Freunde, sich mit einem Autogramm zu verewigen.)
- Schreibe möglichst kurze Wörter auf die Federflächen. Längere Ausdrücke können auch über mehrere Flächen weiterlaufen.

Tipps:

- Verwende einen dünnen schwarzen Filzstift zum Schreiben.
- Benutze Schreibschrift und fülle die Fläche großzügig aus.
- Bearbeite sehr kleine Flächen mit winzigen Federmustern.
- Beschrifte eventuell nur einige wenige Flächen.

- Gestalte zum Schluss den vorderen Teil des Schwans mit Punkten, kurzen Strichen und Federstrukturen aus.

Schwan

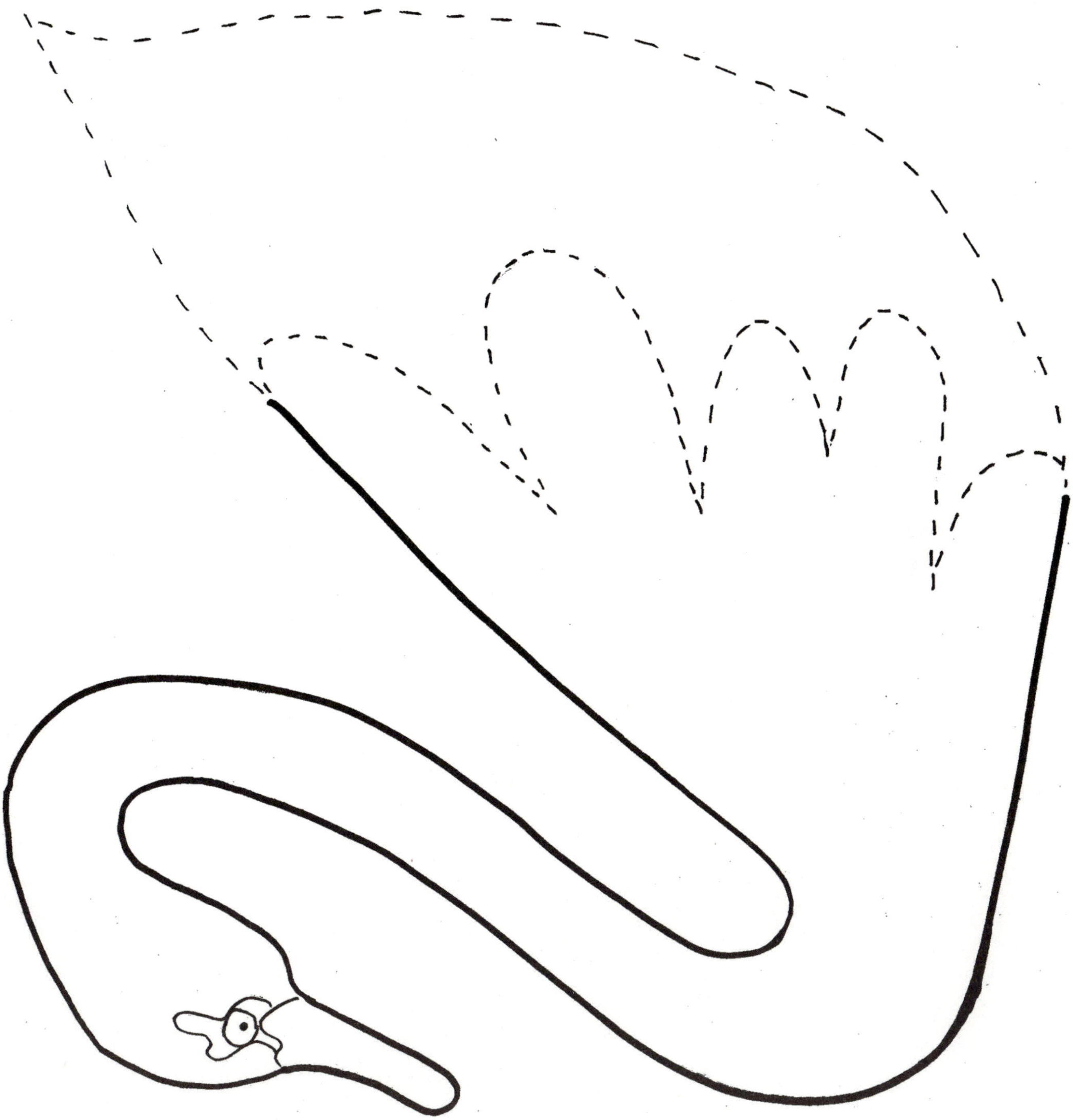

Schwan

Ich
gratuliere
artig
Beste
wünsche
Alles
Gute
Erfolg
viel
Weiter
Toll
Alle
Achtung

Strauß

Kurzbeschreibung

Die Schüler entwickeln mit Filzstiften auf weißem Papier aus konzentrisch angelegten Linienspiralen Blüten, die sie mit Stielen und einfachen Blattmotiven kombinieren. Gestrichelte Linien, die den äußeren Konturen der Motive folgen, erweitern die Fläche. Zum Schluss schneiden die Schüler die vergrößerten Flächen in geringem Abstand zur Umrisslinie aus und kleben sie zum Blumenstrauß angeordnet auf schwarzes Tonpapier.

Jahrgangsstufe

5–10

Zeitaufwand

1 Unterrichtsstunde

Lehrplanbezug

1. Sachkompetenz: Kreativer Einsatz von Filzstiften, Schere als „Zeichenwerkzeug“
2. Methodenkompetenz: Linie als zeichnerisches Element, Flächenerweiterung, Figur-Grund-Bezug, Collage

Hinweise

- Achten Sie darauf, dass die Schüler ohne Vorzeichnung arbeiten.
- Weisen Sie darauf hin, dass zufällig entstandene Linienverläufe bei den Strichellinien und beim Ausschneiden mit berücksichtigt werden, um individuelle Lösungen zu erhalten.
- Regen Sie an, Stifte untereinander auszutauschen.
- Die Arbeit kann auch als Partnerarbeit durchgeführt werden.
- Das Thema eignet sich besonders für Anlässe wie Frühlingsanfang, Ostern, Valentins- und Geburtstagskarten sowie zur dekorativen Gestaltung von Postern und Plakaten.

Material

- weißes Zeichenpapier (DIN A4)
- schwarzes Tonpapier (DIN A4)
- bunte Filzstifte (verschiedene Stärken)
- schwarzer Filzstift (fein zeichnend)
- Schere
- Klebestift
- Bleistift
- Kopiervorlage als Kopie oder Folie

Strauß

Anleitung

1. Blüten und Blätter zeichnen:

- Lege ein weißes Zeichenpapier (DIN A4) senkrecht vor dich.
- Setze mit einem Filzstift in beliebiger Farbe an einem Punkt an und zeichne davon ausgehend um ihn herum, ohne abzusetzen, immer größer werdende, konzentrische Kreise.
- Die Kreislinien bauen sich spiralförmig zu einer Kreisfläche auf.
- Zeichne über bereits vorhandene Linien hinweg und betone den Rand.
- Verwende eine weitere Farbe und male eine zweite Spirale über die erste.
- Die Blüte darf ruhig etwas „unrund" sein!
- Lockere einige Stellen mit Punkten und Kringeln auf.
- Entwirf 4–5 Blüten in unterschiedlicher Größe.
- Zeichne in einer anderen Farbe einen Stiel hinzu (dick, dünn, geschwungen, gerade).
- Lass am Stiel Blätter in verschiedenen Formen herauswachsen.
- Gestalte Einzelblätter, die an Rispen und Gräser erinnern.
- Verwende so viele Farben wie möglich, damit es ein bunter Strauß wird.

2. Motive vergrößern:

- Zeichne mit einem fein zeichnenden schwarzen Filzstift etwa 0,5 cm von den Außenkonturen der Blüten und Blätter entfernt eine feine, gestrichelte Linie, die dem Verlauf der Umrisse folgt.
- Schneide nun alle Teile mit der Schere aus und zwar so, dass die Schnittkante 0,5 cm von der gestrichelten Linie entfernt verläuft. Die gestrichelten Linien erinnern jetzt an Steppnähte!

3. Den Strauß fertigstellen:

- Lege alle Collageteile auf schwarzes Tonpapier (DIN A4).
- Arrangiere sie so unter- und nebeneinander, dass ein schöner Strauß entsteht.
- Markiere die Lage der Teile mit Bleistift, bevor du sie aufklebst.
- Fertige mit der Schere für das untere Ende des Straußes eine Vase, einen Topf oder eine Schleife, die die Stielenden überdeckt.
- Verwende dazu Papierreste von der Kopiervorlage.
- Zeichne auch hier eine gestrichelte Linie um die Form, bevor du sie ausschneidest.

Tipp: In die Vasenfläche kannst du einen Glückwunsch oder Namen schreiben.

Strauß

Surfer

Kurzbeschreibung

Die Schüler entwerfen Schritt für Schritt aus einfachen Linien die Figur eines Surfers, der ein Surfbrett unter dem Arm trägt. Sie arbeiten mit Bleistift und fein zeichnendem schwarzem Filzstift. Im Mittelpunkt steht die originelle Bemalung des Surfbrettes, das in kräftigen Filzstiftfarben ausgestaltet wird.

Jahrgangsstufe

7–10

Zeitaufwand

1 Unterrichtstunde

Lehrplanbezug

1. Sachkompetenz: Unterschiedliche Einsatzmöglichkeiten von Bleistift und Filzstiften, Umgang mit Farben und Mustern
2. Methodenkompetenz: Zeichnerischer Aufbau einer Figur aus Linien, Ornamente und Muster als flächenfüllende Elemente, Kombination von grafischem und malerischem Gestalten
3. Lernkompetenz: Genaue Umsetzung von Vorgaben, kreative Ideenfindung

Hinweise

- Je nach Zeitlimit kann die Entwurfszeichnung auch als Bleistiftlösung stehen bleiben. Das Surfbrett sollte jedoch in jedem Fall farbig gestaltet werden.
- Regen Sie an, dass die Schüler die Umrisse des Brettes bei der Vorzeichnung (Bleistift) zunächst über den Körper hinweglaufen, um die exakte Kontinuität der Linien zu gewährleisten. Überflüssige Bleistiftspuren können zum Schluss entfernt werden.
- Weisen Sie darauf hin, dass Horizont und Wellenstrukturen im Hintergrund nur durch einige Linien angedeutet werden.

Material

- weißes Zeichenpapier (DIN A4)
- Kopiervorlage (Zeichenanleitung)
- Bleistift
- Radiergummi
- schwarzer Filzstift (fein zeichnend)
- Filzstiftsortiment in kräftigen Farben

Surfer

Anleitung

1. Figur des Surfers:

- Entwirf zuerst mit Bleistift ein Grundgerüst für die Figur.
- Richte dich dabei nach den vorgeschlagenen Schritten (1–6) auf der Kopiervorlage.
- Gestalte nun den Surfer weiter aus:
  - Gib Armen und Beinen Volumen.
  - Zeichne Kleidungsstücke ein: T-Shirt, Gürtel, ärmelloses Hemd, Sandalen usw.
- Arbeite den Kopf weiter aus: Haarsträhnen, Pferdeschwanz, Stirnband, Kappe usw.
- Ziehe alle Linien, die erhalten werden sollen, mit fein zeichnendem schwarzem Filzstift nach.

Tipp: Wenn die Zeit reicht, kannst du die Kleidungsstücke auch mit grafischen Mustern (Punkte, Streifen) versehen.

2. Surfbrett (7):

- Arbeite zunächst wieder mit Bleistift.
- Lege zwei Punkte fest, an denen das Brett enden soll.
- Ziehe nun mit Schwung von einem Punkt zum anderen zwei leicht gekrümmte Linien, sodass eine Fläche entsteht, die einer Ellipse ähnelt.

Tipp: Zeichne zunächst über die Figur des Surfers hinweg und entferne die Bleistiftspuren erst später.

- Runde die Eckpartie ab.
- Überlege dir ein ausgefallenes Design für das Surfbrett, z. B.:
  - Fische, Delfine, eine Krake,
  - Wellen und Palmen,
  - exotische Blüten und Blätter,
  - ein Logo,
  - (d)ein Name ...

Tipp: Gestalte alle Buchstaben mit doppeltem Rand im Comicstil.

- Setze zum Ausmalen Filzstifte in kräftigen Farben ein: Orange, Rot, Grün, Blau, Violett usw.
- Ziehe den Rand des Brettes mit kräftigem schwarzem Filzstift nach.

3. Hintergrund:

- Arbeite jetzt wieder mit einem fein zeichnenden schwarzen Filzstift.
- Ziehe mit dem Lineal eine waagrechte Horizontlinie ein (8), die hinter der Figur vorbeiläuft.
- Deute mit einer geschwungenen Linie den Verlauf des Strandes im Vordergrund an.
- Lockere die Meeresfläche durch kleine, kurze Striche und Wellen auf.

Surfer

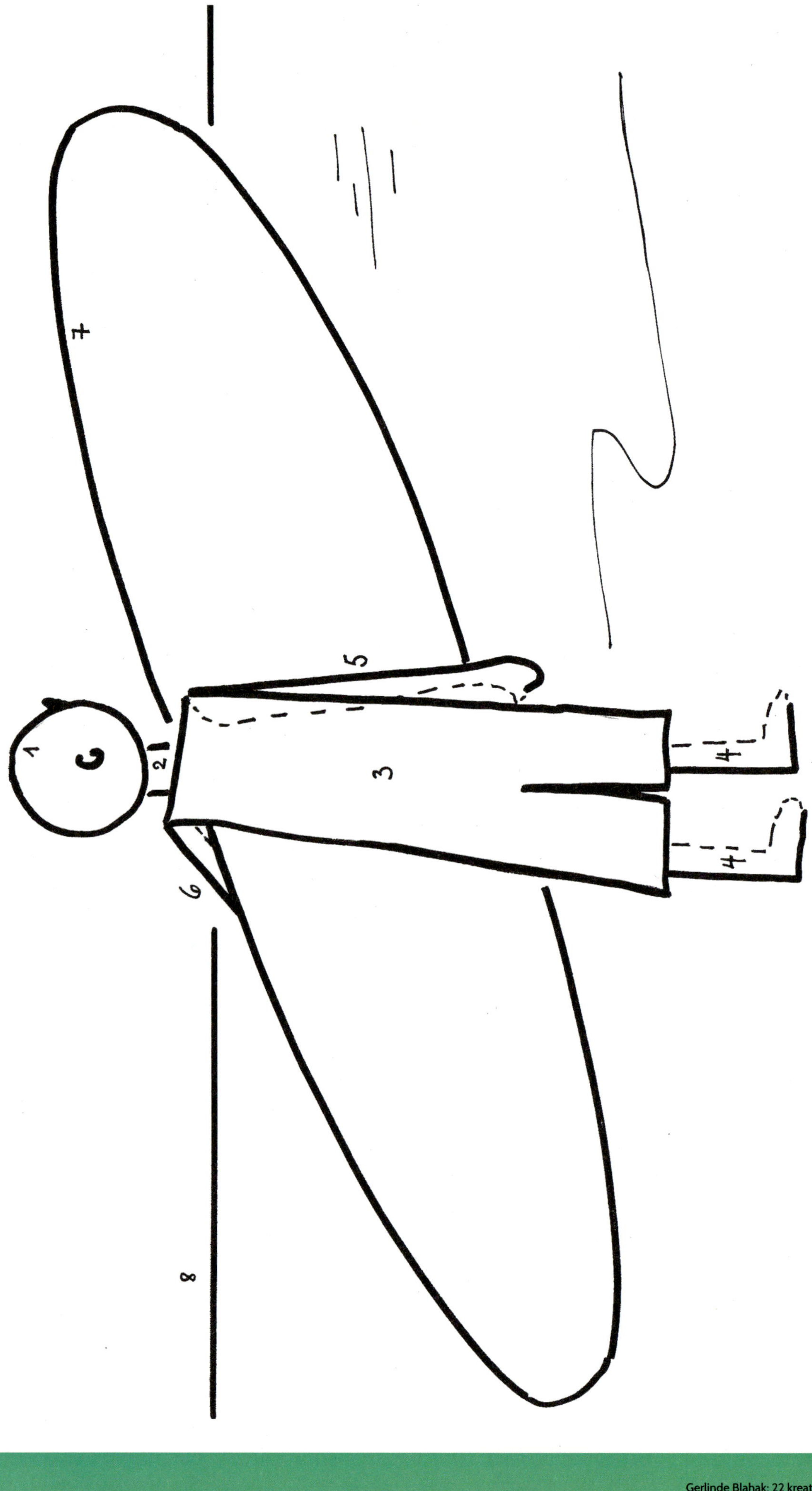

Wetterhahn

Kurzbeschreibung

Die Schüler setzen aus Puzzleteilen das Motiv eines Wetterhahns zusammen und gestalten die aufgeklebten Teile mithilfe von Filzstiften und Wachsmalkreiden mit parallel verlaufenden Linienmustern aus.

Jahrgangsstufe

5–10

Zeitaufwand

1 Unterrichtsstunde

Lehrplanbezug

1. Sachkompetenz: Kombinierter Einsatz von Filz- und Wachsmalstiften, Umgang mit Schere und Schablonenteilen
2. Methodenkompetenz: Puzzleteile als Bildimpulse, farbige Flächengestaltung mit Linien (Op-Art-Stil), beschränkte Palette

Hinweise

- Lassen Sie die Schüler selbst herausfinden, welches Motiv sich aus den Puzzleteilen ergibt, bevor Sie die Anleitung austeilen.
- Zeigen Sie die Puzzlelösung zur Unterstützung und Kontrolle auf Folie erst im Anschluss.
- Empfehlen Sie den Schülern nach dem Aufkleben der Teile die Trennlinien nochmals mit schwarzem Filzstift nachzufahren um Ungenauigkeiten zu überdecken.
- Weisen Sie darauf hin, dass das Farbspektrum auf Rot, Braun, Schwarz und Orange beschränkt ist, um optisch einen rötlich braunen Farbton (Terrakotta) zu erzeugen.

Material

- Kopiervorlage (Puzzleteile)
- Puzzlelösung als Folie
- weißes Zeichenpapier (DIN A4) als Hintergrund
- Schere
- Klebestift
- Filz- und Wachsmalstifte in Rot, Braun, Orange, Schwarz
- Lineal

Wetterhahn

Anleitung

1. Ein Hahn aus Puzzleteilen:

- Schneide alle Puzzleflächen aus, die auf der Kopiervorlage abgebildet sind.
- Lege sie auf einen weißen Hintergrund (DIN A4) und setze sie zu einem Hahnmotiv zusammen.
- Klebe alle Einzelteile so passgenau wie möglich aneinander.
- Ziehe alle Trennlinien mit stärkerem schwarzem Filzstift nach.

2. Farbige Flächengestaltung aus Linien:

- Der Hahn soll eine rötlich braune Färbung (Terrakotta) erhalten. Lege dir deshalb Filzstifte in folgenden Farben zurecht: Rot, Braun, Orange, Schwarz
- Gestalte nun jedes Puzzleteil auf folgende Weise:
  - Zeichne leicht geschwungene Linien, die eng parallel nebeneinander verlaufen.
  - Lass bei jeder Fläche die Linien in eine andere Richtung laufen.
  - Verwende mehrere Farben nebeneinander. Das Auge verbindet sie zu einer rotbraunen Fläche!
  - Setze kleine Punkte als Akzente dazwischen und führe die Linien um diese Punkte herum, sodass kleine Ausbuchtungen entstehen.
- Verwende dicke und dünne Filzstifte.
- Wähle zum Schluss Wachsmalstifte in den oben angegebenen Farben und übermale die einzelnen Puzzleteile mit leichtem Druck.

Tipp: Ab und zu sollte auch noch das Weiß des Papiers in den Zwischenräumen zu sehen sein.

3. Dachfirst:

- Zeichne mit Lineal und schwarzem Filzstift im Bereich des Hahnenfußes Dachziegel, um die Idee des Wetterhahnes herauszustellen.
- Setze auch hier mit Wachsmalkreiden farbige Akzente.

Wetterhahn

Wetterhahn

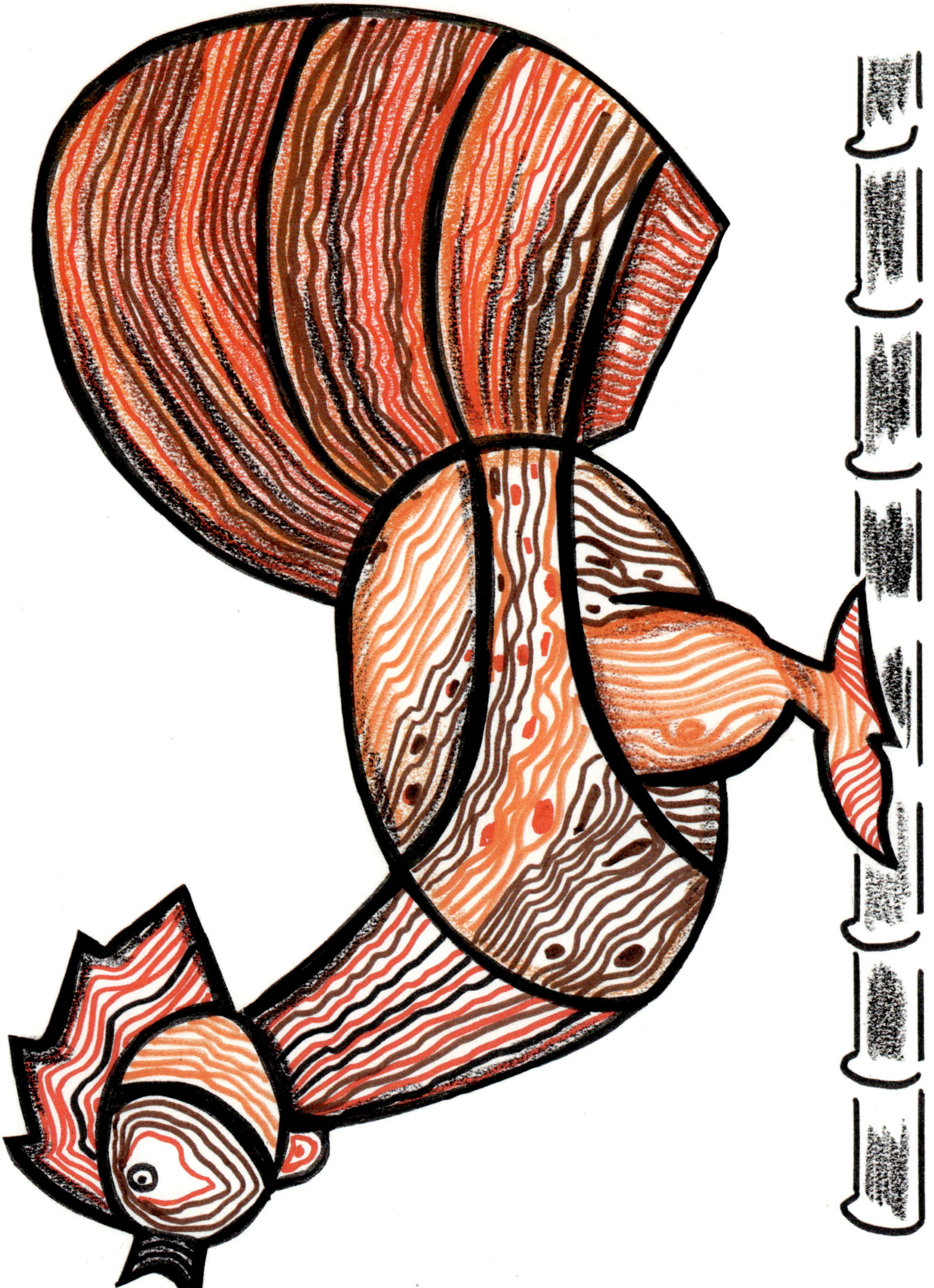

Zwei bunte Vögel

Kurzbeschreibung

Die Schüler entwerfen die Köpfe und Körperumrisse von zwei unterschiedlichen Vögeln, die auf einer Stange sitzen. Anschließend setzen sie für die malerische Ausgestaltung des Gefieders verschiedene Werkzeuge wie Kreide, Wachsmalstifte und Filzstifte in Kombination ein.

Jahrgangsstufe

5–10

Zeitaufwand

1 Unterrichtsstunde

Lehrplanbezug

1. Sachkompetenz: Differenzierter Einsatz von mehreren Zeichen- und Malwerkzeugen, Mischtechniken, warme und kalte Farben, Fixierung von Farbflächen
2. Methodenkompetenz: Spontanes Malen, Kombination von Stiften und Kreiden

Hinweise

- Weisen Sie darauf hin, dass die beiden Vögel sich in Größe und Farbwahl unterscheiden sollen.
- Achten Sie darauf, dass die Schüler nur wenig vorzeichnen. Das Hauptaugenmerk liegt auf dem spontanen, gestischen Einsatz von Kreiden und Stiften.
- Stellen Sie sicher, dass den Schülern eine breite Palette von Malwerkzeugen zur Verfügung steht: Tafelkreiden, Wachsmalkreiden, Filzstifte.
- Verwenden Sie zum Schluss ein Fixativ, um ein Verwischen der Farbflächen zu vermeiden. Eine preisgünstige Alternative ist einfaches Haarspray.

Tipp: Wenn die Sitzstange auf allen Lösungen in der gleichen Höhe angelegt wird, können die Schüler einen „Endlos"- Bilderfries von allen Vögeln nebeneinander präsentieren.

Material

- weißes Zeichenpapier (DIN A3)
- Bleistift
- Radiergummi
- Kopiervorlage (Zeichenanleitung)
- Tafelkreiden
- Wassergefäß
- Wachsmalkreiden
- Filzstifte
- Lineal
- Fixativ (Haarspray)

Zwei bunte Vögel

Anleitung

1. Vögel entwerfen:

- Lege dein Zeichenblatt (DIN A3) senkrecht vor dich.
- Skizziere mit Bleistift die Köpfe von zwei unterschiedlichen Vögeln vor und orientiere dich dabei an den vorgeschlagenen Schritten auf der Kopiervorlage (Zeichenhilfe):
  - Die Vögel sollen unterschiedlich groß dargestellt werden.
  - Ihre Köpfe wenden sich einander zu oder voneinander ab, sie schauen nach oben oder zum Boden.
  - Jeder Kopf lässt sich individuell in einzelnen Schritten konstruieren (1–4).
  - Die Schnäbel haben verschiedene Formen, der Kopfputz verschiedene Ausprägungen.
  - Deute den Körper (auch Flügel und Schwanzfedern) nur durch einige Bleistiftlinien an.

2. Vögel malerisch gestalten:

- Ziehe alle Bleistiftlinien im Kopfbereich mit schwarzem Filzstift nach.
- Um exakte Ränder zu erzielen, gestaltest du diese Partie mit farbigen Filzstiften und fein zeichnenden Kreiden aus (Punkte, kleine Striche, Zickzacklinien).
- Erarbeite nun das Gefieder des übrigen Körpers mit verschiedenen Malwerkzeugen:

> **Tipp:** Jeweils ein Vogel sollte überwiegend in warmen und der andere in kalten Farben gestaltet werden.

- Beginne am besten mit angefeuchteten Tafel- sowie Wachsmalkreiden. Setze sie spontan und großzügig ein.
- Male kleinteilige und großflächige Federbereiche neben- und übereinander.

> **Tipp:** Tafelkreiden werden kurz in ein Wassergefäß getaucht und erscheinen in feuchtem Zustand etwas dunkler, trocknen aber zu einer festen, helleren Schicht auf.

- Lass Teile des Papiers unbearbeitet. Du kannst sie anschließend mit Filzstiften bearbeiten (kleine Muster). Nutze auch das Weiß des Papiers als Lichteffekt im Federkleid.
- Lege zum Schluss mit Lineal und schwarzem Filzstift eine Stange fest, auf der die Vögel zu sitzen scheinen.
- Sprühe anschließend das Bild mit einem Fixativ oder Haarspray ein und lass es trocknen.

Zwei bunte Vögel